나도 나를 믿지 못했다

나도 나를 믿지 못했다

초판 1쇄 인쇄 2022년 4월 8일
초판 1쇄 발행 2022년 4월 15일

지은이 김성호
펴낸이 최익성
출판총괄 송준기

책임편집 정은아
편집 윤소연

마케팅 총괄 임동건
마케팅 이혜연, 김미나, 이현아, 안보라, 한우리
경영지원 이순미
펴낸곳 파지트
디자인 유어텍스트
제작지원 플랜비디자인

출판등록 2021-000049호
주소 경기도 화성시 동탄원천로 354-28
전화 031-8050-0508 **팩스** 02-2179-8994
이메일 pazit.book@gmail.com **페이스북** @pazitbook

ISBN 979-11-92381-00-8 03320

The Story_Fills you

나도 나를 믿지 못했다

김성호 지음

P:AZIT

내가 살아온 삶을 내가 선택했듯
내가 쓰는 글도 내가 결정한다.

황재연_컨설턴트

내가 보건대, 김성호 이 사람은 평범한 사람이 아니다. 그렇지만 그는 '김성호'다운 사람이다. 본인은 극구 사양하나 누가 봐도 성공한 사람이며 분명 행복한 사람임에 틀림없다. 사람의 이야기를 담은 그의 글을 읽으며, 나는 울컥하는 감정에 여러 번 책 읽기를 중단해야 했다. 내 두 눈이 그렁그렁해져서 도저히 읽기 힘들었기 때문이다. 그가 지나온 길은 내가 걸었던 그 길이었고, 그가 느낀 감정이 바로 내 감정이었다.

누가 학교는 돈 내며 배우는 곳이고, 직장은 돈 받으며 배우는 곳이라 했던가. 가정보다 직장에서 보낸 시간이 더 많은 우리 보통 아빠들, 그도 예외는 아니었다. 그는 말단 직장인으로도 살았고, 유명 그룹 전문 경영인으로도 살았다. 평범한 가장이 가족 목구멍에 풀칠하려고 고군분투하며 살아온 표준 모델이다. 그래서 그의 진술과 고백은 꽤 믿을 만하고 공감이 간다.

의욕 넘치는 직장 초년생, 사표를 만지작거리며 갈등하는 중간관리자, 곧 내려와야 할 자리에 서 있는 임원, 그리고 파산할까 봐 마음 졸이며 밤잠 설치는 CEO에게 이 책을 권한다. 왜냐하면 인간 김성호는 이 모든 과정을 겪은 사람으로서 최소한 무엇이 바른 길인지 제시하니까.

이 책은 정답을 담은 책이 아니다. 그렇다고 성공 법칙을 이야기하지도 않는다. 오히려 후회와 실패를 고백하는 손해 보는 감정 장사를 선택한 그의 용기가 갈등 앞에서 우물쭈물하는 우리에게 진정한 위로의 손을 내민다. 그의 고백은 지혜롭다. 그도 그를 못 믿었지만, 사실 우리 모두 그렇지 않은가. 지나온 길을 우리는 믿을 뿐. 그래서 진솔한 그의 회고에서 우리는 성공과 행복을 동시에 볼 수 있다고 나는 감히 자신한다. 경영은 이론이 아닌 삶이다. 기법으로 보지 말고 삶의 태도로 보는 것이 올바른 경영자다. 그가 자기 인생을 담보로 지혜의 길을 안내한다. 자, 함께 따라가 보자.

장헌주_한국 딜로이트그룹 커뮤니케이션전략실장

'프로페셔널'의 정의를 물어올 때 항상 마지막에 덧붙이는 것이 '모르는 것을 모른다고 말할 수 있는 사람'이라는 항목이다. 전문가는 한 분야에서 쌓아온 지식과 경험이라는 자산으로 대변되기는 하지만, 전문가라고 할지라도 다른 분야 또는 처음 접하는 분야는 모를 수밖에 없다. 그러니 전문가끼리 만나면 서로 물어보느라 정신이 없는 장면을 자주 접한다. '모른다'라고 당당히 말할 수 있는 '당당함'은 프로페셔널이 가지는 '겸손함'과 같은 질량을 가질 것이다.

『나도 나를 믿지 못했다』라는 제호를 처음 들었을 때는 고개를 갸우뚱했다. 어떤 철학을 담은 책일까 궁금해하며 완독했다. 마지막 장을 덮으며 김성호 작가의 의도를 자연스럽게 알 수 있었다. 바로, 프로페셔널로서 가졌던 잘 모름에 대한 당당함과 자기 과업에 대한 철저한 의구심에 대한 메타포적인 한 문장이란 사실을 말이다.

개인적으로 이 책은 한마디로 '성장 스토리'라고 말하고 싶다. 김성호라는 한 개인의 삶 속에서 발견하는, 김성호라는 한 직장인의 프로페셔널 라이프에서 느껴지는, 김성호라는 다른 프로페셔널을 성장시키는 리더에게서 배우는 '성장' 스토리를 담고 있기 때문이다.

직딩의 삶을 살고 있는 많은 사람이 '나는 어떤 리더인가'를 고민하기 전에 좋은 리더와 일하고 싶다는 바람에 치중한다. 나의 성장에, 타인의 성장까지 꿈꾸는 사람이라면 '나는 어떤 리더가 되어야 할 것인가'에 방점을 찍을 것이다. 김성호 작가는 '그의 성장이 나의 성장임을 아는 존재'라고 리더를 정의했다. 구성원을 성장시키며 나 또한 성장하고 싶은 리더라면 일독을 권한다. 100퍼센트 경험으로 엮어진 살아 있는 리더십 교과서이기 때문이다.

이혜인_sHoeLabo 대표, 독일에서

끊임없는 자기 질문과 성찰로 위기를 돌파한 리더의 이야기. 최근에 읽은 책 중 이렇게 몰입하여 순식간에 읽어 내려간 책이 없었다. 살아 숨 쉬는 펄떡이는 현장의 언어로 저자만의 성장 스토리를 이야기한다. 책의 제목이기도 한 '나도 나를 믿지 못했다'라는 표현은 끊임없는 자기 질문과 성찰이라는 말로 치환되어 돌파구를 모색하는 성장의 핵심 키워드이다. 역설적인 표현으로 우리에게 새로운 관점의 인사이트를 제공한다. 이제 막 리더가 된 당신, 사회생활을 시작한 당신에게 치열하고 남다른 길을 걸어왔기에 더욱 특별한 자신만의 '영업 비밀' 같은 면까지 모두 보여 준다.

저자는 턴어라운드 전문가다. 위기를 돌파하는 기업의 경영자로 거듭나기까지, 성공에 이르는 과정에서 크고 작은 고민들까지 실감나게 전달된다. 어떤 두려움에도 맞서 돌파하고 도전한다. 그리고 그 과정에서 성공과 실패, 이면의 모습을 모두 다루고 있어 진솔하고 생생하다.

저자는 관계의 리더십을 보여 주는 경영자다. 진정성을 기반으로 한 소통이 중요한 성공의 열쇠임을 그와 인연이 된 직원들과의 다양한 성장 스토리로 이야기하고 있다.

저자와의 인연은 사뭇 특별하다. 같은 기업 소속이었으나 함께 근무한 적은 없다. 유럽 법인장이었던 저자를 이탈리아 밀라노에서 만났다. 짧은 시간이었지만 직원의 마인드셋을 통한 기업의 성장 전략을 수립하는 모습을 볼 수 있었다.

머리로만 생각하지 않고 손과 입으로 생각하며 멤버들과 함께 빠르게 실행에 옮기는 방식이 인상적이었다.

오늘날처럼 급변하는 세상에 흔들리지 않는 '나만의 경쟁력'을 갖추고 싶다면 이 책의 필독을 권한다.

민경진_PSB 발행인

여러분이 이 책을 읽는다고 무슨 뾰족한 답을 찾지는 못할 것이다. 다만 커리어를 만들어 가는 과정에서 어떤 일들이 벌어지는지를 버라이어티하게 보여 준다. 그래서 사회에 막 진출하는 학생이나 커리어 전환에 고민 중인 독자들에게 이 책을 강력 추천한다.

자기계발서 따위 절대로 가까이하지 않는 내가 유일하게 추천하는 책은 『What should I do with my life』(written by Po Bronson)이다. 이 책은 직장인이라면 누구나 당연히 겪게 되는 커리어의 부침을 관찰해 잔잔하게 묘사만 할 뿐, 작가는 섣부른 판단도 개입도 훈수도 두지 않는다. 커리어에 관해서는 오직 이것만이 유일한 진실이라는 점에서 참 유니크하다고 생각했었는데….

'돈 받으며 다니는 학교' 직장의 모습을 날것 그대로 제대로 묘사한 한글로 쓴 책을 이제야 만났다. 바로 인생의 Gap year를 보내고 계신 김성호 님의 『나도 나를 믿지 못했다』이다.

나도 나를 믿지 못했다

김의철_모바일닥터 대표

2021년 오월의 어느 날, 『나도 나를 믿지 못했다』의 모든 메시지가 내 삶을 관통했다. 그 깊은 울림 가운데, 지난 반년 남짓한 시간 동안 때론 자정이 넘도록 혹은 아주 이른 새벽에도 김성호 작가님을 만나게 되었다. 서로가 허심탄회하게 많은 이야기를 나누면서 그의 과거가 나의 현재로, 그의 현재가 나의 미래로 서로의 거울이 되어 많이 웃고, 격려하고 위로를 나누었다. 우리는 우리의 관계를 정의하지 않았지만 스승과 제자 혹은 시대를 뛰어넘는 친구이자, 동시대를 살아가는 구도자이자 이방인으로 서로를 인지하고 있는 듯싶다. 적어도 내게는 언제나 그와의 만남이 기대되고, 즐거운 것만은 사실이다.

누군가 내게 "왜 이 책에 빠졌는가?"라고 물어본다면, "오랫동안 고민했던 질문에 대해 'Yes'라는 답을 주었기 때문"이라고 말할 것이다. 나는 지금까지 다른 이들과 다른 삶을 살아왔고, 다르게 살고 있고, 다르게 살 계획이다. 무한한 가능성에 대한 근거 없는 자신감과 유한한 시간에 대한 호승심으로 여전히 궁금한 것도 많고, 하고 싶은 것도 많다. 하지만 성공보다는 실패와 좌절을 더 많이 겪어 왔고, 앞으로도 성공보다는 더 많은 인생의 풍랑과 해일을 겪게 될 것 같다. 과연 이 삶의 여정이 어디로 흘러갈 것인가? 미지의 영역에 대한 두려움도 점점 커져만 간다. 그런 나에게 이 책은 세련되지 않지만 '괜찮아, 한번 해 봐'라는 메시지를 작가도 믿지 못했던 삶의 여정을 통해 여실히 전해 주었다.

점점 모호하고, 불확실성이 커지는 시대 흐름 가운데, 다름을 추구하는 많은 분에게 이 책을 통해 내가 받았던 위로와 격려가 전달되었으면 하는 바람이다.

한 치 앞도 모르겠고, 늘 성공적이지도 특별하지도 않지만, 다르게 살아가고 있는 시대의 동지들에게 '괜찮아, 한번 해 봐'라는 메시지가 큰 위로가 될 것이다. 투박하지만 진정성 있는 그의 메시지가 오랫동안 이 책을 통해 간직되고, 전달되기를 소원해 본다.

다시
태어난
책의
서문

'나도 나를 믿지 못했다'라는 제목이 불현듯 떠오른 것은 2021년 1월 초였다. 그때 난 9년간의 유럽 생활을 마감하고 한국으로 돌아와 14일간 격리하던 중이었다. 2주라는 혼자만의 시간 동안 지난 시간들 속의 나에 대해 많은 생각을 했고, 앞으로 다가올 시간 속에서의 나에 대해 많은 그림을 그렸다.

그때 비로소 깨달았다. 내게도 정리의 시간이 필요하다는 것을. 단 한 번도 잠잠히 모든 것을 멈추고 지나온 세월 속의 나 자신을 마주하며 눈으로 마음으로 손으로 실타래처럼 얽힌 것들을 정리하는 시간이 없었다.

내게 필요한 것은 장래에 대한 계획 이전에 나 자신을 진솔하게 정리하는 시간이라는 것을 깨달은 순간, 이 제목이 떠올랐다.

이 책은 그렇게 시작되었다. 책을 쓰는 동안 잠도 제대로 잘 수 없었고 밥도 규칙적으로 먹을 수 없었다. 내면의 상처와 아픔을 만나 대화하는 것이 이 정도로 힘든 것인지 정말 몰랐다. 그렇게 보낸 두 달 동안 참 많이 멍했고 툭하면 울컥했다. 왜 그랬는지 나도 모른다. 그냥 글을 쓰려고 자리에 앉아 당시의 일들을 떠올리면 울컥해지는 마음이 나를 압도했다.

너무나 개인적인 일들과 느낌이기에 책으로 출판하기가 망설여졌다. 그래서 지인 몇 분께 보여 주기만 했다. 그때 그분들이 보내 준 따뜻한 격려와 응원이 없었다면 아마도 출판할 용기를 내지 못했을 것이다.

이 책은 처음 1000권을 독립출판으로 인쇄해서 오직 네이버 스마트스토어에서만 짧은 기간 동안 판매했다. 어떠한 공개적인 마케팅도 하지 않았다. 그저 지인들께 알음알음 알리고 페이스북에 소식을 나누었을 뿐이다. 그런데 많은 분이 구입하였고, 분에 넘치는 반응을 나누어 주었다. 그렇게 많은 사랑을 받았음에도 그것으로 끝이라 생각했다. 단 한 번, 한여름 밤의 꿈이라고 여겼다.

하지만 언제나 예상을 빗나가는 게 인생이지 않은가? 그 후 좋은 때에 좋은 사람을 만나 좋은 기회로 이어져 오늘에 이르렀다. 나의 공이 너무 작기에 "모든 것이 그저 은혜입니다"라는 고백이 절로 나온다.

『나도 나를 믿지 못했다』를 열렬히 응원해 주신 많은 분께 머리 숙여 감사를 전한다. 파지트를 통해 다시 태어난 이 책을 선택해 준 모든 독자에게도 말하고 싶다.

"감사합니다."

미래는 어두우므로 희망차다.

_버지니아 울프

늘 의심하며 걸어왔다. 첫 직장에 출근한 것이 1988년 9월 첫
날이었으니 기간으로 따지면 33년 반 동안을 의심하며 살아왔
다고 해도 무방하다. 새롭게 커다란 변화의 시기를 지나고 있는
지금도 여전히 그렇다.

의심의 대상은 다름 아닌 나 자신이었다. 의심이라는 표현이
약간의 혼동을 줄 수도 있으므로 다른 표현으로 바꾼다면 '믿지
못했다'이거나, 혹은 '믿고 싶지만 그럴 수 없었다'라는 표현이
더 적합할 수 있을 것 같다. 나 자신에 대해 무엇을 믿지 못했다
는 것일까? 나 자신에 대해 무슨 의심을 했다는 것일까? 그것이
내가 말하려는 이야기의 시작이다.

쌓아온 이력으로 본다면 난 나름대로 성공한 사람일지도 모른다.

- 파트타임으로 시작했지만 3개월 만에 정직원으로 입사했다.

- 입사 후 2년 만에 4명을 팀원으로 둔 회계부서장이 됐다.

- 영어를 썩 잘하지 못하지만 외국계 기업으로 이직하여 15년 동안 근무했다.

- 외국계 기업 중 국제적 지명도가 있는 5개 큰 기업의 한국 법인에서 일했다.

- 직장생활을 시작한 지 12년 만인 36세라는 이른 나이에 재무담당임원CFO이 됐다.

- 글로벌 기업의 사업 부문을 한국지사가 역으로 인수하는 프로젝트에 CFO로 참여하여 성공했다.

- 유럽으로 나가기 전 한국에서 마지막으로 다녔던 기업을 퇴직하려고 할 때 퇴직하지 않는다는 전제조건으로 거액의 사이닝 보너스를 제안받았다.

- 패션의 본고장인 유럽에 나가서 일하는 조건으로 대기업에 스카우트됐다.

- 유럽으로 나가 9년간이나 이탈리아와 영국에서 다섯 개의 패션기업들을 경영했다.

- 56세라는 늦은 나이에 첫 책『돌파하는 기업들』을 쓰고 작가로 데뷔했다.

나의 이런 이력을 아는 친구들이나 지인들은 나를 평균 이상으로 성공한 사람이라고 인정해 준다. 그들 중 몇몇은 나의 성공 비결을 궁금해하고 물어보기도 한다.

"정말 어떻게 그런 커리어를 쌓을 수 있었나요?"

"당신에겐 어떤 특별한 점이 있었던 건가요?"

이런 질문을 받고 어설픈 답변을 주섬주섬 하고 집으로 돌아오는 날이면 혼자 이런 생각을 하곤 한다.

'김성호 성공했네, 살다 보니 이런 소리도 듣고. 그런데 진짜 내가 어떻게 성공한 걸까?'

'무얼 해서 성공한 거지?'

마음 속으로 또 이런 질문도 떠오른다.

'나는 내가 잘 될 것이라고 생각했었나?'

'나는 내가 성공을 할 것이라고 믿었었나?'

어떻게 해서 오늘날까지 지금의 이력을 갖게 됐는지 잘 모른다는 것이 나의 솔직한 답변이다. 그리고 나 자신이 이렇게 될 것이라고 믿기보다는 스스로에 대해 확신이 부족해서 의심해오며 살았던 기억이 더 많은 것이 사실이다.

마음속에선 '미안하지만 나도 나를 믿지 못했어'라고 생각하면서도 다른 사람들 앞에서는 막상 성공이라는 결과를 그럴듯하게 포장하여 성공할 수밖에 없었던 이유를 이런저런 에피소드들을 섞어 스토리로 들려주었던 것이 나의 겉모습이었다.

있어 보이고 싶었고, 남들이 인정해 주는 성공이 그냥 이뤄진 것이 아니라 나의 명석함과 리더다움이 바탕이 된, 전략적으로 만들어 낸 결과로 인정받고 싶은 마음이었다. 혹시라도 이전에 나에게서 그런 말을 들은 분이 있다면 사실이 아니었음을 말씀드리며 나의 과대포장에 사과를 드린다.

기왕 나의 속사정을 드러내기로 한 이상 자신이 없었던 것, 믿지 못했던 것, 회피하려고 한 것 등을 나누어 보려 한다. 그럼에도 내가 노력한 부분도 있기에 나름 발버둥을 쳤던 것, 고민했던 것, 혼잣말처럼 반복해서 되뇌였던 것, 실행했던 것 등도 적어 보겠다. 지나친 사생활에 해당하는 것이 아닌 한 가급적 진솔하게 나누려 한다.

굳이 나라는 사람을 글로 오픈하는 이유는 이 글을 통해 누군가는 한 사람이 사회인으로 성장해 가는 것의 의미를 이전과 다르게 느낄 수도 있고, 자신의 길에서 자신만의 방식으로 실행할 것들에 대해 자극받을 수 있으리라는 기대감 때문이다.

이 책을 보는 독자께서는 내가 얼마나 약한 사람인지를, 또 약한 줄만 알았던 사람이 얼마나 뻔뻔한지도 보게 될 것이다. 또한 나의 부드러움과 강함, 따뜻함과 차가움, 대담함과 소심함, 결단성과 머뭇거림, 빠름과 느림 등도 보게 될 것이다. 양극단을 오갔던 나의 모습을 보며 혼란스럽게 생각하지 않았으면 좋겠다. 내가 그렇게 차갑거나 뜨거운 물 사이를 오가며 살아온 것은 타고난 성격 때문이기도 했지만, 더불어 기업 내에서 리더로 성장하고 싶었던 욕심과 야망 때문이기도 했다. 그렇기에 리더가 된다는 것이 무엇인지, 노력은 어떠했는지, 견뎌야만 했던 아픔과 고민은 무엇인지에 대한 내용이 담겨 있다.

한 사람이 기업 안에서 성장해 간 현실 속의 이야기로 읽히기를 바란다. 이상만을 말하거나 공상에 그치는 말들이 아니라 현실 속에서 때로는 좌절하고, 때로는 상실하며, 때로는 우연히 성공하고, 가끔은 의도적 노력으로 성취한 실제 스토리임을 기억하며 보아주길 부탁드린다.

"이 책은 무엇에 대한 책인가요?"라고 묻는다면 내 성장의 기록을 나의 방식으로 담은 글이라고 대답하겠다. 수없이 스스로 의심했던 그 사람이 나였고, 자신을 믿지 못했던 사람도 나였다. 실패의 잠재적 이유를 많이도 가지고 있었지만 그게 나였다. 내가 한 것은 그런 내 모습으로부터 시작해 점차 사람과 더불어 성장하기 위해 긴 시간 동안 노력했다는 것이다.

내용이 내용인 만큼 개인적으로 두 번째 책으로 이 이야기를 쓰는 일은 홀가분하면서도 자신 없는 작업이었다. 여러분도 비슷한 경험이 있을 수 있다. 용기를 내서 나를 보여 줬을 때 반응이 냉랭하다면 얼마나 무안할까? 그렇기에 이 책을 읽는 분께서는 내게 짧은 글이나마 용기를 주길 감히 청해 본다. 나처럼 부족한 사람이 궁금해 결국에는 책을 선택하고 읽어 준 모든 분의 삶에 커다란 행운이 깃들기를 진심으로 바란다.

목
차

1부

나를 성장시키다

2부

사람과 함께 성장하다

3부

사람을 성장시키다

시작부터 이런 말을 하게 되어 조심스러운 마음이다. 절대 여러분에게 불쌍하게 보이거나 동정표를 받기 위해서가 아니다. 지금의 나는 꽤 큰 기업의 전직 CEO이자 턴어라운드 경영(실적이 기울어진 기업을 다시 정상으로 되살리는 경영)의 전문가, 그리고 작가로서 나름의 밥벌이를 하고 있지만 예전의 나는 전혀 그렇지 못했다.

'옛날 옛날에'라는 동화의 오프닝 같아 보이지만 내 이야기를 이해하기 위해서는 나에 대해 먼저 이야기해야 할 것 같다.

어머니 차정심 님은 마흔의 나이에 나를 낳으셨다. 부부간에 무슨 일이 있었는지 모르겠지만, 아이를 떼러 병원에 가려다 아버지 김만주 님에게 걸려 실패했다. 늦둥이로 태어난 나는 몹시 연약했다. 특히 호흡기가 약해 돌이 될 때까지 하루도 안심할 수 없었다고 한다. 어머니는 갓 돌이 지난 때 기관지염이 심각해져 죽음 직전까지 갔었다는 이야기를 종종 하셨다.

"내가 너 때문에 얼마나 울고 다녔는지, 지금도 그 생각하면 눈물이 난다."

아무튼 그럼에도 살 운명이었는지 목숨은 부지했지만 몸은 더디 성장했고 성격은 예민했다. 그리고 그것은 나의 기질이 되어 지금까지도 날 힘들게 하는 중이다.

아동기, 청소년기를 거쳐 마흔이 되기 전까지 극도로 마른 체격이 내 상태를 말해 주기에 충분했다. 그로 인해 날 보는 모든 사람은 일단 걱정부터 했다. 너무 마르고 너무 약해 보여서 사람 구실이나 할 수 있을지 걱정했다. 가족 친지들, 친구 부모님, 학교 선생님, 기타 등등 모든 사람으로부터 걱정을 듣다 보면 나 스스로도 그런 생각을 하게 된다. 그들은 나쁜 의도가 아니었을지 몰라도 내 자존감을 무너뜨리고 마음에 상처를 주는 그런 비수 같은 말들이었다.

대학 졸업을 코앞에 두고 난 아르바이트를 시작했다. 당시엔 대학 졸업자들, 특히 경영대를 졸업하는 학생들이 거의 100퍼센트 취업했던 경제 성장기였다. 난 10여 곳의 기업에 응시했지만 모두 낙방했고, 사정을 딱하게 여긴 담당 교수님의 추천으로 한 정부기업에 응시했지만 그마저도 불합격이었다.

취업이 거의 확실할 것이란 예상을 뒤엎고 떨어진 후 난 학교로부터 냉대의 대상으로 전락했다. 응시했던 모든 기업의 필기시험을 못 봤느냐? 그건 아니었다. 필기시험은 언제나 넉넉한 성적으로 합격했다. 하지만 2차 전형인 면접에만 가면 여지없이 떨어졌다. 면접관들이 나의 극도로 마른 몸을 본 순간, 마음이 닫히는 패턴이 반복된 것이다. 번번이 낙방하는 나 자신이 너무 싫었다. 나에게 미래가 있을 것이라는 믿음을 갖고 싶었지만 동시에 의심했다.

그땐 내가 나를 믿지 못했다.

우여곡절 끝에 3개월의 아르바이트가 인연이 되어 어렵사리 한 기업에 취직하게 되었다. 당시 내 사정은 정말 좋지 않았다. 중풍으로 몸의 반쪽 기능이 마비된 어머니를 모시고 살고 있었

나도 나를 믿지 못했다

는데 경제적으로나 사는 모양으로나 내 삶은 전쟁터 그 자체였다. 그런 상황에서도 사랑하는(존경하는 이 더 맞는 표현이리라) 사람이 있었고, 그 사람과 살고 싶은 마음이 간절했다. 이 전쟁터로 그 사람을 데리고 들어오려 할 만큼 절실했고 이기적이었다.

처갓집의 강한 반대를 무릅쓰고 우리는 결혼했다. 하지만 아내가 둘째를 임신했을 때 난 응급실을 찾았다. 며칠 동안 지속된 등근육의 통증이 가시지 않다가 어느 날 근무 중 숨이 너무 차고 몸이 힘들어 참지 못할 정도였고, 부하직원의 부축을 받아 택시를 타고 집으로 돌아왔다. 내 상태를 본 아내가 황급히 병원 응급실로 데려갔고 진단 후 의사의 다급한 설명으로 기흉이라는 병에 걸렸음을 알게 되었다. 내 폐의 상태로 보아 조금만 더 늦었더라면 길거리에서 갑자기 사망했을 수도 있다는 공포스러운 말을 나와 아내는 나란히 앉아서 조용히 들었다.

"운동을 격하게 하시면 절대 안 됩니다. 특히 무거운 것을 들면 안 되고요. 등산같이 숨이 찬 운동도 안 됩니다. 달리는 것도 가급적 삼가셔야 합니다. 담배 피우는 사람 곁에는 가지도 마세요. 재발할 가능성이 크니 혹시라도 가슴이 답답한 느낌을 또 받으면 즉시 병원으로 오셔야 합니다. 절대 당장 괜찮다고 방치하거나 시간을 끌면 안 됩니다."

의사는 내가 지켜야 할 사항들을 길게 안내했다. 병상에서의 보름이 나에겐 참으로 무거운 시간이었다. 나는 과연 괜찮을까? 내 가족을 잘 지키며 살 수 있을까? 사랑하는 한 여자의 남편으로서 어린아이를 둔 아빠로서 내 역할의 막중함을 알지만 난 너무 무력했다.

그때도 나는 나를 믿지 못했다.

그 후 2년 만에 의사의 걱정대로 기흉이 재발했다. 늘 긴장하듯 내 몸에서 보내는 신호를 유심히 관찰하며 살아온 나였기에 몸에서 이상한 신호가 느껴지던 순간 바로 병원으로 갔다. 또 한 번 수술을 받을 때 뛰어온 아내의 걱정 어린 얼굴을 살피기엔 나의 고통이 너무 컸다. 또다시 이주일의 치료 기간을 가져야만 했다. 두 번째 입원을 하면서 나는 생각했다. '나는 과연 건강하게 살아갈 수 있을까?' '나와 가족은 어떻게 되는 것일까?'

그때도 나는 나를 믿지 못했다.

더욱 절망적인 상황은 그 이후에 찾아왔다. 기흉이 재발하여 수술을 받고 1년 후 건강검진을 받은 결과 왼쪽 폐 상단 구석에 선명하게 보이는 작은 흔적. 의사는 그 흔적을 가리키며 폐결핵으로 판단된다는 말을 했다. 당시에 난 상당히 과중한 업무를 맡고 있던 회계부서의 책임자였다. 회사는 미친 듯이 성장하고 있었고 하루가 다르게 신사업이 생겨난 때였다. 내가 책임을 지고 결산을 진행했던 사업 부문은 10개에 이르렀다. 매년 11월에서 다음 해 3월까지는 밤을 새는 것이 일상인 시절이었고, 일주일 내내 아침에 집에 잠깐 들러 옷만 갈아입고 다시 출근하는 일이 비일비재했다.

폐결핵 진단을 받고 더 이상 버틸 힘을 잃었고, 내 멘탈은 무너졌다. 내가 무엇을 위해 그토록 긴 시간을 일해 왔을까…. 혼자 감당하기엔 버거운 일을 군소리 없이 했던 내 어리석음에 대한 자책과 더불어 이 소식을 아내에게 전할 생각을 하니 마음이 저렸다. 그렇게 나 자신과 가족을 위해 퇴사를 결심했다.

또다시 같은 생각이 들었다. '난 가족을 책임질 수 있을까?' 아니, '나 자신이라도 책임질 수 있을까?' 이런 의심을 놓을 수가 없었다. 분명 내가 마음대로 할 수 있는 존재는 나 자신이어야 했지만 정작 내가 나를 어쩌지 못하고 이렇게 끌려다니고 있었다.

너무나 명백한 증거들로 인해 난 나를 믿지 못했다.

천만다행으로 결핵은 자연치유되어 비활성화 상태인 것으로 판명이 났다. 나와 아내 모두 한숨을 돌렸지만 회사 생활을 지속할 수는 없었기에 예정대로 퇴사를 강행했다.

새로운 직장을 구하기 위해 많은 곳의 문을 두드렸다. 내 이력을 보고 관심을 보이는 곳이 있었지만 막상 면접을 보면 떨어지기를 반복했다. 그러다 우연한 기회에 응시한 한 외국계 기업의 필기시험에서 수석을 하며 입사하게 되었다.

첫 직장은 아르바이트로 시작해서 7년의 시간을 보낸 곳이었다. 사회에 나와 만난 친구들, 선배들, 사랑스러운 후배들이 여전히 모여 있었다. 하루에도 몇 번씩 그곳으로 돌아가고 싶은 마음이 들었다. 나도 모르게 마음 깊은 곳에서 의기소침한 감정이 들면서 나를 흔들었다. 그렇지만 버텨야 했다. 그곳으로 다시 돌아간다는 것은 가족을 위험으로 내모는 것과 같았다. 전 직장의 선배가 내게 전화로 소식을 전해 주었다.

"전체 직원 교육 시간에 사장님이 네 이야기를 하셨다. 잃으면 안 될 인재를 놓쳤다고 하시며 이런 일이 또다시 있어서는 절대 안 된다고 말씀하셨어."

나도 나를 믿지 못했다

그 말을 들으니 더 돌아가고 싶은 마음이 강해졌다. 그리웠다. 하지만 내가 선택한 길이었고, 그 길이 내 가족을 위한 것이었기에 마음이 흔들리지 않도록 다잡았다.

외국계 기업으로 이직한 후 어느 정도 시간이 지났고 다행히 더 이상 기흉은 재발하지 않았다. 하지만 잠재적인 위험성을 여전히 안고 살아야 하기 때문에 긴장을 놓을 수는 없었다. 태어날 때부터 호흡기의 문제를 안고 살아왔기에 잠시의 평화로운 날들이 왠지 폭풍전야처럼 느껴지기도 했다. 그렇게 시간이 흐른 후, 또 한 번 더 갑작스럽게 죽음의 순간이 다가왔다.

해외 출장 중 자주 곤란한 상황에 빠뜨린 증상이 있었는데 몸살을 동반한 고열이었다. 편도가 붓고 고열에 시달리다 보니 그대로 방치해서는 안 되겠다는 생각이 들었다. 아내와 상의한 후 편도절제 수술을 받았다. 그때 한 대형병원에서 편도절제술을 받은 환자가 출혈로 사망했다는 뉴스가 보도되었다. 그 기사를 보며 긴장되었던 나는 의사의 지침대로 열흘간 극도로 조심하며 지냈다. 그런데 열흘이 되는 마지막 날 새벽에 자다가 일이 터지고 말았다. 몸에서 이상한 기운이 느껴졌다. 잠에서 깨어

화장실로 가 침을 뱉은 순간, 쏟아져 나온 핏덩어리. 나도 모르게 서서히 출혈이 진행되고 있었고, 고이고 고여 많은 양이 쏟아져 나왔다. 황급히 응급실로 갔다.

그때 내가 잠에서 깨지 못했다면, 분명 난 이 세상에 없었을 것이다. 그때 입에서 하염없이 줄줄 흐르던 피를 보며 '오늘 내가 죽을 수도 있겠구나'라고 생각했다. 응급실에 느릿느릿 나타나 별거 아닌 것처럼 "봅시다"라고 했던 당직의가 출혈이 잡히지 않자 당황하던 모습이 지금도 선명하게 기억난다. 황급히 수술실로 옮기고 힘들게 출혈을 잡고자 애쓰던 모습. 그때 수술대 위에서 느꼈던 몸의 고통과 마음의 불안이 글을 쓰는 지금도 생생하게 기억날 정도로 두려웠다. 수술을 마친 그 새벽에 난 아내의 품 안에서 기절했다.

내 몸이 그토록 약했던 것에는 가정환경이 큰 이유였다는 것을 난 알고 있다. 여기에서 다 공개하기 어려운 슬프고도 아픈 사연들이 있었고, 그런 날들을 지나며 나는 상처로 깨어진 마음을 얻게 되었다. 깨어진 마음에서 시작된 고통이 긴 시간 동안 육체의 아픔으로 나타난 것이다. 이런 내가 참 측은하다는 생각이 들면서도, 또 한편에서는 나를 믿는다는 것이 불합리한 일처럼 느껴졌다. 내가 어떻게 나를 신뢰할 수 있을지 나로선 풀 수 없는 숙제 같았다.

아무 일이 없는 평온한 상태에서도 죽음을 생각하고, 나 자신을 스스로 소멸시킬까 봐 두렵고, 내가 가장 사랑하는 주변 사람들이 어느 날 사라질 것 같아 불안했다. 이런 감정들로 살면서 외부적으로는 극단적인 행동을 서슴지 않았던 나. 늘 결단성 있다는 소리를 들어왔지만 내 속에는 두려움에 떠는 존재가 있었다. 그래서 스스로 생각한다. '그래, 안 되면 죽기밖에 더 하겠어? 잃어도 괜찮아. 어차피 언젠가는 죽을 테니까.' 이런 극단성은 나의 내면을 가득 채운 두려움에 대한 강한 반발이었을지도 모른다.

난 나를 의심하고, 믿지 못하는 시간을 보냈고, 조심했다.

"당신이 당신 자신을 믿지 못하는데 내가 당신을 왜 믿어야 하지?"라고 누군가 묻는다면 난 대답할 말이 없다. 왜냐하면 그것이 정확한 사실이기 때문이다.

본인의 꾀로 형벌을 받은 시지푸스. 돌을 산 위로 밀어 올리지만 언제나 다시 굴러 떨어지는 돌, 끝없는 반복. 나에게 시지푸스의 돌과 같은 형벌은 나 자신이었다. 그렇기에 난 나를 의심하고 믿지 못했다.

자주 아팠고, 자주 예민했고, 때론 좌절했고, 때론 멍해졌고, 자주 멈추었다. 나에겐 그것이 일상적인 일이었다. 오랫동안 불면을 달고 있었고, 더 오랫동안 걱정을 달고 살았다.

내 이력은 그냥 만들어졌을 리야 없겠지만 그렇다고 엄청난 노력과 집요함으로 만들어진 것도 아니다. 내 기질상 멈춰 서 있는 것보다 동동거리더라도 움직이는 것을 좋아했다. 기회를 얻지 못했던 경험이 많았기에 돌아가고 싶지 않았고, 형벌과도 같이 약한 내 몸이 그것을 감당하지 못함을 무시했다. 왜 그랬을까? 나도 나를 믿지 못했기 때문이다.

그럼에도 내가 정말 다행이라고 느끼는 부분이 하나 있는데, 패배의식이 내 삶에 둥지를 틀지 않았다는 것이다. 오랜 경험에서 자연스레 만들어진 나 자신에 대한 확신의 부족이 패배의식으로 귀결되었다면 난 추락했을 것이다. 하지만 나 자신은 의심했지만 포기한 적은 없다. 인생에서 다가오는 난관과 장애물들을 단번에 척척 넘어본 적 없이 거의 매번 걸려 넘어지기를 반복해 왔지만, 그것이 경기를 포기하게 만드는 이유는 되지 않았다. 나 자신에 대해 의심이 생길 때 이렇게 되뇌었다. '이번에도 난 걸려 넘어질 수 있어. 놀랄 필요 없어' '성공하면 기쁘겠지만 실패할지도 몰라. 그럼 다시 하면 돼.'

결혼 전에 아내가 내게 물었다. "당신의 꿈은 뭔가요?"

난 고용사장이 될 거라고 말했다. 창업이 아니라 전문 경영인이 되는 것이 내 소망이자 목표였다. 말은 얼마나 멋진가! 말은 그렇게 했지만 나도 나를 믿지 못했다. 하지만 2016년, 결혼한 지 27년 만에 그 꿈이 이루어졌다. 그것도 유럽에서. 평생 그 꿈을 기억하고 헌신적 노력을 했을까? 그렇지 않았다. 그렇기에 내가 어떻게 CEO가 됐는지 지금도 정확한 이유를 모른다. 하지만 나는 분명 하루하루 바쁘게 살아갔다.

꿈을 가져야 한다고 그럴듯하게 말할 수 있다. 나도 꿈이 있었고 그 꿈을 품고 살아왔다고 말하고 싶다. 하지만 살아온 현실은 꿈보다 지금의 내가 쓰러지지 않는 것이 더 큰 과제였다. 다음 발걸음에서 미끄러지지 않기를, 그래서 넘어지지 않기를 노심초사하며 한 걸음 한 걸음을 내딛느라 저 멀리 있는 꿈을 바라볼 겨를이 없었다. 이것이 내 현실이었다.

아들이 고등학생 시절, 대학 시절 모두 자신은 되고 싶은 것이 없다는 말을 했을 때 난 아무런 문제의식을 느끼지 못했다. '그게 뭐가 어때?'라는 생각이 먼저 들었다. 사람은 누구나 자신의 경험으로 판단하기 마련이듯 나도 꿈이 있었기 때문에 제대로 살았다는 고백과는 거리가 먼 삶을 살았다. 꿈이 나를 지켜 주거나 견디게 해 준 것이 아니었다. 자신을 철저히 믿고 신뢰하는 확신을 가진 분들이 꿈을 위해 노력하는 모습을 보면 부러운 것이 사실이다. 하지만 그게 내 삶이 아니었듯이 내 아들의 삶도 그만의 방식이 있을 터이다.

이 글을 읽는 당신에게 부탁하니, 어려움을 극복하고 성공한 사람의 자기 자랑이나 영웅담으로 받아들이지는 말아 주셨으면 한다. 자주 넘어졌던 경험을 통해 늘 자신을 의심하고 믿지 못했던 평범했던 사람이 살아온 방식으로 이해해 주시면 고맙겠다. 혹시 나처럼 자신을 의심하는 분들이 이 글을 읽는다면 이렇게 말하고 싶다.

나도 나를 믿지 못했다

"당신은 문제 있는 것이 아니다. 당신의 삶의 가치가 그로 인해 더 가볍거나 작은 것은 아니다. 멈추지 말고 천천히 지금까지 그랬듯이 걸어가시라."

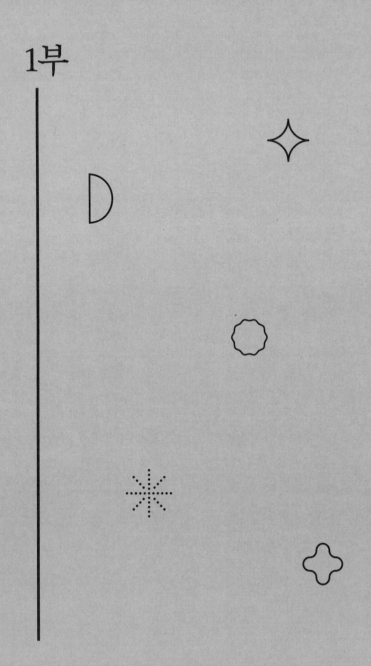

1부

나를 성장시키다

인생에 맥락이 있나

D

    사람은 누구나 이유와 원인을 알고 자 한다. 잘 돼도, 안 돼도 원인이 있을 거라고 믿는다. 잘 되면 그 이유를 파악해 더 잘 되고 싶어 하며, 안 되면 원인을 알아내 다음 번에는 실패를 반복하지 않으려 한다. 그렇기에 이유를 아는 것은 중요하다. 누군가 결과를 보고도 이유를 알려 하지 않는다면 아무 생각이 없거나 무책임한 사람이라고 생각한다. 하지만 정작 중요 한 일에 대해 이유를 아는 것이 가능한가? 난 그것을 모르겠다.

    내가 그렇게 태어난 것에 무슨 이유가 있었을까?
    아버지는 중풍으로 6년간 고생하시다가 내가 열한 살이 되던

해 돌아가셨다. 그 일에 무슨 이유가 있었을까? 그로 인해 어머니가 고통 속에 살아야 했던 이유는 대체 무엇일까?

무던히도 고생하셨던 어머니마저 중풍으로 몸과 마음이 황폐해진 이유는 또 무엇일까? 그런 어머니를 모시고 직장을 다니며 말 못 할 고통을 당한 이유는 무엇이었을까? 첫 손주를 안아 보지도 못하시고 어머니가 세상을 떠난 이유는 무엇일까?

내가 그토록 절실히 원하고 간절히 바라던 때 모든 직장이 날 외면했던 이유는 무엇일까?

그 긴 시간 동안 아프기를 반복하고 죽을 고비를 몇 번씩 넘긴 이유는 무엇일까? 아버지가 된 후 부모님처럼 일찍 세상을 떠나게 될까 봐 노심초사하며 살아야만 했던 이유는 무엇일까?

인생이라는 것은 왜 내게 그토록 맥락 없이 와야만 했을까?

맥락 없는 인생은 내가 이해할 수 있는 대상이 아니었다. 아무리 묻고 또 물어도 대답 없는 고요함뿐이었다. 인생이란 내가 이해할 수 있도록 예의 있게 맥락을 갖추고 다가온 적이 없었다. 그로 인해 나는 나를 믿지 못하게 되었다. 내가 한 노력도, 내가 한 기도도, 내가 절실히 바랐던 소망도 언제나 맥락 없이 부서지고 깨어졌다. 이건 아마도 내가 세상을 떠나는 날까지도 풀지 못할 숙제일 것 같다.

『아직도 가야 할 길』에서 스콧 팩 박사는 '삶은 어렵고 힘든 것이며, 이 커다란 진실을 깊이 이해하고 받아들이면 삶은 우리를 더 이상 힘들게 하지 못한다'라고 말했다. 하지만 '사람들은 이 진실을 보지 못하고 삶은 항상 편하고 즐거운 것이어야 한다는 생각으로 늘 불평한다'라는 글을 읽고 슬펐다. 인생은 나에게 어떠한 약속도 한 적이 없건만, 난 마치 배신당한 것처럼 억울했고 슬펐다. 지금을 살고 있는 관점에서 인생의 그 숱한 일들에 애초에 맥락은 없었다. 원인이 있어서 결과가 있다는 이 단순한 맥락이 내가 살고 있는 이 세상에도 적용되는지에 대한 의문까지 들게 했다.

스티브 잡스가 생전에 했던 연설을 보며 크게 공감했다. 그의 삶에는 무수한 점이 있었지만 당시에는 점 하나하나를 이해할 수 없었다. 한참의 시간이 지난 후에 비로소 그는 점이 이어지는 경험을 했고 그제야 각각의 점은 의미를 갖게 되었다.

내게 있었던 모든 일도 당시에는 이해가 안 됐다. 왜 꼭 그 일이 그때에 일어났는지 도저히 맥락을 알 수 없었다. 하지만 이제는 안다. 시간이 흐르고 나는 그때와는 달라졌다. 원인은 알 수 없었고 지금도 짐작조차 못 하지만 긴 시간을 이렇게 살고 보니 내가 달라졌음을 느낀다. 내게 주어졌던 점과 같은 작은 결과들이 내 생각을 바꾸었고, 내 마음을 바꾸었고, 내 행동을 바꾸었다. 그렇게 내 인생의 결과가 달라졌다.

가장 절실했던 시절, 인생은 내게 맥락을 설명하는 친절함은 없었지만 돌아보니 나름 최소한의 맥락을 보여 주고 있었다. 직업이 없어 전전했던 나는 경영자가 되었고, 사람들 앞에 서는 것이 두려웠던 나는 대중이 읽는 책을 쓴 작가이자 강사가 되었다. 같은 또래 친구뿐만 아니라 심지어 후배에게도 무시당했던 내 주변에는 이제 나를 존중하는 많은 사람이 있다.

내 인생의 맥락은 성장이다. 내가 나를 성장하도록 끊임없이 자극하고 내게 주어진 사람들과 함께 성장해 가는 것이다. 내가 이해하지 못한 숱한 조건으로 인해 고통과 슬픔이 있었지만 돌아보니 성장이라는 결과에 그 모든 것이 이어지는 맥락을 느낀다.

인생의 용기

　　　　　　내가 살면서 가장 크게 용기를 낸
사건은 결혼이었다. 중풍으로 반신불수인 어머니를 모시고 직장
생활을 하던 나에게는 너무나 과분한 사람이었다. 하지만 정말 놓
치기 싫었고 놓치면 살 수 없을 것 같았다. 그래서 욕심을 냈고 처
음으로 인생을 건 용기를 냈다. 처갓집의 큰 반대에 부딪혔을 때,
난 아내에게 물었다. 끝까지 반대해도 나와 결혼할 생각이 있느냐
고. 아내는 울면서 그렇다고 대답했고, 난 그것으로 됐다고 생각
했다.

　수중에 있는 돈을 모두 들고 아내의 손을 잡고 예식장으로 가
서 두 달 후에 결혼하는 일정으로 예약을 했다.

"이제 당신과 난 두 달이라는 시간밖에는 없습니다. 그 사이에 가족을 설득해야 합니다."

우리는 그렇게 각오를 다지고 가족을 설득했다. 내가 용기를 낼 수 있었던 것은 아내 때문이었다. 그녀가 내 용기의 근원이었다.

몇 번의 병으로 인한 고통의 시간을 지나면서도 헤쳐 나올 수 있었던 용기의 근원도 가족이었다. 아내와 아이들이라는 존재가 내게 주었던 용기가 아니었다면 결코 나 혼자 그날들을 무사히 지나고, 더 크게 도약하지 못했을 것이다. 연약하거나 약하다고 사람은 겸손하지 않다. 약하기에 나는 더 꼬인 성격을 가지고 있었을지 모른다. 하지만 내게는 가족이 있었다. 아내와 아이들이 있었다. 그들을 바라보며 견뎠고 뛰었다.

경제적으로 너무 힘들게 시작했기에 결혼생활 초기 우리의 생활은 어려웠다. 반지하에 마련한 방이었지만 그조차 전세 자금을 빌려서 시작했고 이자를 갚기에도 힘에 겨웠다. 그러다 큰아이를 얻었고 작은아이가 생겼다. 가장으로서 이렇게 사는 것은 아니라는 생각이 깊어질 즈음 나에게 연이어 병이 나타났다. 무섭고 두려웠다. 내가 힘겨웠던 삶의 무게를 지고 쓰러지는 것도 억울한데 내 가족이 나로 인해 나락으로 떨어진다는 것은 상상도 하기 싫었다.

절박함이라는 단어가 내 안에 불꽃처럼 타올랐다. 첫 직장에서 퇴사하고 어렵게 외국계 기업으로 들어갔을 때 내 몸 상태는 완전하지 못했지만 천천히 걸어갈 여유가 없었다. 전속력으로 달려야 했다.

소개업체에 계신 분들과 외국계 회사에 다니고 있는 지인을 통해 확인해 보니 소득을 가장 빨리 올리는 방법은 이직이라는 공통된 이야기를 해 주었다. 그래서 가는 직장마다 2년 이내에 승진을 못한다면 이직하겠다고 결심했다. 전공인 회계는 자신 있었지만, 이직을 위해 영어 실력을 빠르게 성장시켜야 했다.

첫 직장에서는 토요일에도 출근해 오후 4시까지 근무했는데 외국계 투자기업으로 이동하고 나니 매주 토요일이 휴무였다. 난 토요일 이른 아침에 아내가 준비해 준 도시락을 들고 회사에 갔다. 그리고는 저녁 6시까지 혼자만의 학습시간을 가졌다. 거의 거르지 않고 매주 그렇게 살았다. 회사 상사와 선배들이 같이 놀러 가자고 여러 번 말했지만 한 번도 응하지 않았다. 급기야 상사로부터 팀워크가 너무 부족하다는 지적을 받았고, 그로 인해 인사고과에도 부정적인 영향이 있었다. 그렇지만 내가 집중할 일이 있었고 다른 것에 마음을 빼앗길 여유가 없었다.

한참의 시간이 지난 후 평범한 영어 실력을 가진 사람이 어떻게 한국에 있는 유명한 외국계 기업에서 15년이나 근무했고, 유럽에서 외국인들과 함께 9년간이나 일할 수 있었는지 궁금하게 만드는 존재가 되었다. 하지만 그 시작은 가족의 삶이 무너질 수도 있다는 절박함 때문이었다.

사실 난 지금도 원서 한 권을 읽으려 하면 각을 잡고, 각오하고 밤을 새워도 진도가 얼마 나가지 못한다. 한 페이지만 읽으려고 해도 사전을 몇 번이고 뒤적거리는 평범하기 그지없는 수준의 영어 실력을 가진 사람이다. 외국 유학 경험이나 흔한 어학연수 경험도 없고 학창 시절에 영어학원에 다녀본 경험조차 없다. 대학생활을 하면서도 영어학습반에서 공부한 경험 또한 없다.

그럼 어떻게 해서 외국계 기업에서 15년 동안 일하고, 유럽에서 9년을 일할 수 있었을까? 두 번째 직장에서 절실함이 바탕이 된 공부가 내게는 해답이었다. 그때 내가 한 것은 두 가지였다.

주중에 내가 접한 온갖 영문서류들과 부러울 정도로 영어를

나도 나를 믿지 못했다

잘하는 상사에게 받은 이메일을 비롯해 영문으로 작성된 서류들을 복사해 두었다가 토요일에 사무실에서 공부할 때 전부 다시 읽어 보고 외웠다. 토요일에 쉬지 않고, 놀지도 않고 매주 상사가 제공해 준 풍부한 자료 안에 들어 있는 새로운 단어, 비즈니스 용어, 단어들의 새로운 사용법, 숙어, 이메일 표현 등을 읽으며 다 외웠다. 그렇게 공부한 것들을 그다음 주에 실무에서 그대로 사용해서 내 것으로 만드는 연습을 했다. 매주 그렇게 단어와 문장들, 단어와 숙어의 사용법, 다양한 문장 표현들을 외우고 익혀 가니 말도 자연스럽게 더 나아졌다.

하지만 그렇게 매주 하는 공부에 머물지 않았다. 영어를 하는 목적이 결국 이직에 있었기에 영어 수준을 끌어올리면서 다음 상위 포지션을 찾는 작업을 꾸준히 했다. 계획대로 2년마다 이직을 하고 그때마다 평균 30퍼센트씩 연봉을 올릴 수만 있다면 앞으로 8년 후에는 첫 직장에서 받았던 연봉 대비 세 배가 넘는 수준이 되어 있을 것이다. 이 계획에 맞추어 실제로 평균 2년에 한 번씩 이직을 했고, 첫 직장을 떠난 지 6년이 지난 시기에 내 연봉은 첫 직장에서 받았던 연봉의 다섯 배에 이르렀다. 8년 안에 세 배의 연봉을 받겠다는 목표를 넘어서 달성했다.

잦은 이직을 한 경력에 대해 채용하는 입장에서 걱정하는 부분이 분명히 있었다. 하지만 개의치 않았다. 내게는 가족이 있었고, 아이들이 건강하게 자랄 수 있는 공간과 환경을 만들어 줄 수 있다면 상식적인 걱정과 염려는 아무 문제가 되지 않았다.

넘어짐이 두려워 끝까지 달렸다

어느 날 신문광고를 보다가 발견한 채용 공고. 1차 서류 접수, 2차 필기시험(회계), 3차 면접이라고 안내하고 있었다. 일반적으로 외국계 기업의 채용방식은 경력직을 뽑되 이력과 영어 실력, 추천인을 중요하게 고려하는데, 나는 기회를 갖기가 정말 힘들었다. 하지만 그 기업은 연이어 몸이 아팠던 나에게 기회를 주었다. 차고 더운 것을 가릴 처지가 아니었기에 서류를 내고 1차 시험을 봤다. 그런데 회계 필기시험에서 만점으로 수석을 했다는 소식을 들었다. 덕분에 면접도 어렵지 않게 통과했다. 후에 듣게 된 사연은 재미있었다.

굴지의 IT 기업에서 Finance Manager(재무관리)로 근무하고 있는 사람을 이력만 보고 채용을 결정했는데, 업무의 전문성이 너무 부족해 이력만 보고 채용하지 말라는 CFO의 엄명이 떨어졌다고 한다. 그래서 처음으로 회계시험을 필기로 치르게 했고, 그렇게 처음 생긴 시험에서 내가 좋은 성적을 내어 이어진 것이다. 그전까지 많은 기업에 지원했지만 뜻을 이루지 못하고 있다가 이런 우연 같은 기회를 만나 외국계 기업에 들어가게 되었다.

CFO의 큰 관심을 받으며 중요한 업무를 맡게 되었고, 해외에서 진행되는 교육에 참가할 기회도 얻는 등 그곳에서 성장하는 시간을 가졌다. 그렇지만 마음속에 품었던 이직에 대한 계획을 접은 적이 없었다. 그리고 2년이 지나기 전에 기회가 왔다.

내게 많은 기회를 준 CFO는 내가 사직서를 내자 뒤통수를 맞았다며 냉담하게 대하기 시작했다. 난 다시 안 볼 사람처럼 대충 마무리하고 빨리 나오는 것에만 집중하지 않았다. 야근 수당이 없던 시절이었는데 인수인계 해주기 위해 한 달 내내 야근을 도맡아 했다. 그때 만든 인수인계 파일은 책 두 권 분량에 이르렀고, 너무나 상세하게 만들어서 한참의 시간이 지난 후에도 업무 매뉴얼로 활용되고 있다고 한다.

그 과정을 말없이 냉랭하게 지켜보던 CFO는 인수인계 마지

나도 나를 믿지 못했다

막 날 인터콘티넨탈 호텔의 스카이라운지로 데려가 비싼 음식을 사주며 말씀하셨다. "자네를 용서하지 않으려 했는데 인수인계 하는 모습을 보며 마음을 바꿨네. 어려운 일 있으면 연락해." 그리고 다시 오고 싶을 때 오라며 환영하겠다고 말씀하셨다.

내게 다가온 기회를 놓는 것도 내게는 두려운 일이었다. 그래서 잘 놓고 싶었다. 혹시라도 내가 떠나보낸 기회가 어느 날 나를 삼키지는 않을까 걱정했다. 나는 떠나는 그 순간까지, 끝까지 전력으로 달리는 것에서 안전을 느꼈다.

우연히 배운 코딩의 도움

　　　　　　　　　　첫 직장에서 만난 형님은 좀 특이
했다. 전공은 화학, 일하는 부서는 회계, 특기는 코딩이었다. 성격
은 순딩이면서도 고집은 상당했다. 이분 덕분에 옆에서 시중을 들
다가 나도 모르게 코딩을 배우게 됐다.

　DBase, DBase 3+, Fox Pro 등을 가지고 노는 것이 일이 되
어 버렸다. 그것도 업무가 끝나고 나서 코딩 관련 책을 보고 그
형님이 짜놓은 회사 프로그램의 코딩 기록을 들여다보면서 혼
자 학습하고 따라 했다. 그리고 주말엔 집에서 가계부같이 단순
한 것을 만들어 보기도 했다. 그렇게 전혀 예상치 않았지만 기
본 코딩을 배워 갔다.

몇 년 뒤 그 기업을 나와 이직을 한 후에는 코딩을 다시 해볼 기회는 없었다. 그냥 새로운 직장에 적응하며 새롭게 맡은 일에 몰두하느라 바빴고, 외국계 기업이라 업무상 필요했던 턱없이 부족했던 영어 공부를 하느라 정신을 차릴 수 없었다. 그러다 세 번째 직장으로 이직했을 때 우연처럼 다시 코딩의 세계로 돌아가게 되었다.

그 기업의 인보이싱(송장) 시스템이 Fox Pro로 되어 있었는데, 인보이싱이 그 기업에서는 가장 복잡하면서 중요한 업무였다. 워낙 많은 고객사를 두고 있고 상품의 종류도 다양해서 인보이싱 시스템이 잘못되면 큰 문제가 생길 수밖에 없었다. 그런 연유로 오래전부터 입력과 대조 확인 등 수작업이 너무나 많았다. 그렇게 매달 인보이스를 발행하는 시기가 되면 거의 3~4일을 두 명의 직원이 그 일에만 매달리는 일이 반복되었다.

가끔 영화에서도 보면 중요한 일을 맡고 있는 사람들은 때때로 콧대가 높아지기도 하듯 그 기업도 다르지 않았다. AR Account Receivable(매출채권) 파트 책임자이자 인보이스 업무를 책임지는 직원이 CFO와 크게 부딪힌 후 인수인계도 없이 퇴사하는 일이 발생했다. 그로 인해 회사는 난리가 났다.

그 와중에 CFO는 굽힐 수 없다며 고집을 부렸고, 새로 사람을 뽑기 전까지 하는 수 없이 내가 그 업무를 떠맡게 됐다. 그런데 그 인보이싱 프로그램을 들여다보며 고민해 보니 예전 생각이 나면서 이해가 되었다. 자동화할 수 있는 여지도 보였다. 그래서 며칠 밤 늦게까지 프로그램을 대대적으로 고치는 작업을 진행했다.

지금은 당연한 거지만 당시엔 그게 아주 신기한 일이었다. 프로그램을 자동화해 인보이스가 신속히 척척 나오고 대조 확인도 자동으로 되도록 만들었다. 이런 일들이 눈앞에 벌어지자 두 명의 직원이 하던 일이 주니어 혼자서 해도 되는 일로 바뀌었다. "나 나가면 니들 큰일날 거야"라고 협박하며 나간 책임자가 원통할 만큼 회사는 잘 돌아갔다.

그때 난 깨달았다. '취미처럼 한 것이라도 언젠가 그것이 내 삶을 크게 바꿀 수도 있겠구나.' 그 후 틈틈이 엑셀로 프로그램을 짜는 과정, 액세스 과정, 비주얼베이직 기초, 중급, 고급 과정들을 다 찾아 들었다. 그리고 훗날 그 스킬들을 얼마나 유용하게 사용했는지는 상상하는 그대로다. 큰 기업의 복잡한 예산 수립 프로세스를 비주얼베이직으로 만들어 자동화했고, 매출 프로그램을 만들어 사용하기도 했다.

이십 대 중반 우연처럼 내 곁에 괴짜 코딩 전문가가 있었고, 난 그 선배가 몰두해서 하던 일에 관심을 가져서 기본적인 내용을 따라 해 보았다. 그렇게 우연히 접하고 배운 것들이 그 후 10년 이상 나를 더욱 특별하게 만들어 주었고 많은 성장의 기회를 주었다.

이때부터 주변 분들이 좋은 기회를 내게 소개해 주는 경우가 많아졌다. 코딩을 통해 기업의 프로세스를 바꾸고 속도를 현저히 향상하는 과업을 마무리한 후에 난 지인의 소개로 다음 기업으로 이동했고, 또 일정한 시간이 지난 후 다른 곳으로 이동했다. 그때마다 내 직급은 높아졌고, 급여도 올라갔다. 인정받는 직무 스킬도 높아졌고 경험도 더 넓어졌다.

어두웠던 긴 시간이 지나고 드디어 나에게 밝은 날이 왔음을 자축하며 새로운 곳으로 이직했다. 하지만 뜻하지 않게 상사로부터 큰 고통을 받게 된다. 그 고통은 너무나 극심하여 한동안 가라앉아 있었던 몸의 부정적 반응이 다시 소용돌이치는 악몽 같은 시간이 기다리고 있었다.

상사를 해고합니다

그가 다른 직원들에게 인격비하의
말을 함부로 하는 것을 곁에서 들을 때는 솔직히 내 일 같지 않았
다. 무심했다고 말할 수 있을 정도로. 왜냐하면 나는 그의 총애를
받는 사람이었고 회사에 들어온 이후 약 1년간 그의 친절이 이어
졌기 때문이다. 그런데 1년이 지나면서부터 그의 태도가 조금씩
변하기 시작했다.

생각해 보니 그 일이 일어난 후 그는 달라졌던 것 같다. 얼마
전 외국인 사장이 나를 잠시 부르더니 소개책자를 하나 보여
주면서 "이 프로그램에 참가해 보면 어떻겠냐"라고 물어보았다.
갈 의향이 있다면 보내 주겠다고 했다. 살펴보니 그룹 본사에서

나도 나를 믿지 못했다

진행하는 글로벌 재무책임자를 위한 전문 과정이었다. 차세대 재무 분야 리더를 육성하기 위한 프로그램으로 사장이 추천했다는 의미는 나를 차세대 CFO로 키우고 싶다는 것이란 생각이 들어서 감동받았다. 기쁜 마음으로 가겠다는 말했고 사장은 즉석에서 내 상사인 그를 불러 책자를 건네며 나를 그 프로그램에 보내라고 지시했다.

그 사건 이후 내가 알아차릴 수 있을 만큼 그의 태도가 돌변하기 시작했다. 알고 보니 사장은 나를 불러 의향을 묻기 이전에 내 상사인 그에게 내용을 설명하며 나에게 참석 의향을 확인해 보라고 했다는 것이다. 하지만 그는 내게 일언반구도 없었고 당연히 나는 모르고 있었다. 일주일 남짓 기다리다 사장이 급기야 직접 나를 불러서 의향을 물어본 것이라는 내막을 듣고 나니 그를 향한 실망과 은근한 분노가 치밀었다. 그러던 차에 그의 태도조차 비이성적으로 바뀌는 것을 보면서 나도 독하게 마음을 먹기로 했다.

그의 태도는 주로 업무를 빙자한 타박으로 나타났다. 지시를 내려서 그대로 해 가면 '이게 뭐냐, 이 정도밖에 못하냐, 다른 방식으로 하기를 기대했는데 너무 올드한 방식으로 했다'라는 등

온갖 비하하는 표현을 쏟아냈다. 그 이야기를 듣다 보면 성격장애가 있나라는 생각이 들 정도로 논리적으로 앞뒤가 맞지 않는 이야기로 사람을 들들 볶는다는 게 느껴졌다. 다른 사람들이 그런 이야기를 듣는 것을 곁에서 볼 때는 그냥 안타까운 마음이었는데, 내가 직접 듣는 신세가 되니 다른 사람들은 어떻게 참고 넘겼는지 모를 정도로 부아가 치밀었다.

그날도 그에게 비슷한 패턴의 꾸중을 들었다. 하지만 평소보다 좀 더 강한 어조로 바뀌어 있었고 급기야 차장인 내게 "고졸 여직원에게 시켜도 이 정도는 하겠어"라는 자존심을 부수는 이야기를 직원들이 보는 앞에서 큰 소리로 나무라듯 말하며, 서류를 던지는 비상식적인 모습에서 난 결국 뚜껑이 열리고 말았다. 더 이상 참지 못하고 그에게 말대답을 했다.

"이사님, 그렇게 하세요. 고졸 여직원 데려다 일하시면 되겠네요. 요구하신 대로 했는데 뭐가 그렇게 맘에 안 드세요?"

"내가 언제 그렇게 하라고 했어?"

"여기 제 수첩에 이사님이 지시하신 내용을 자세하게 모두 받아 적어 두었습니다. 보세요, 이것과 다른 것이 있는지."

그는 표정이 바뀌더니 더 기세등등하게 소리를 질렀다.

나도 나를 믿지 못했다

"아니, 내가 설사 그렇게 지시했더라도 자네가 생각이란 게 있으면 그대로 했겠느냔 말이야. 일을 그 정도로 오래 했으면 당연히 자기 생각을 가지고 일할 줄 알아야 하는 거 아니야?"

마음속으로 그와는 더 이상 '같은 팀이 아니구나'라는 생각이 들었다. 그때 받은 상처와 충격이 얼마나 컸던지 그가 내게 했던 말을 지금까지 기억하고 있다. '고졸 여직원, 자기 생각이 없는 사람, 그 정도로 오래 하고도 말이야' 등 한마디 한마디가 내 폐부를 찌르는 아픈 말들이었다.

그와 이런 말도 안 되는 씨름을 하느라 원형탈모증이 나타났고 불면증이 생겼다. 이건 더 이상 나 혼자만의 문제가 아니라 내 가족의 삶의 질과도 연결되는 문제가 되었다. 그날 밤 나는 거의 잠을 이루지 못한 채 생각하고 생각했다.

다음 날 일찍 출근을 해서 사장실로 갔다. 똑똑, 문을 두드리고 들어가니 사장은 이른 아침에 어쩐 일이냐는 표정이었지만 반갑게 맞이해 주었다. 평상시처럼 사장은 책상 뒤 의자에 앉았고 난 그 앞에 섰다. 긴히 드릴 말씀이 있다고 내 신상에 관련된 중요한 이야기라고 하자 그는 일어나 소파 쪽으로 가서 앉으라며 건너왔다. 난 말을 이어갔다.

"회사를 더 이상 다닐 수 없음을 깨달았습니다. 내게 상사란 매우 중요한 존재인데 지금의 상사와는 너무 안 맞습니다. 그와 함께 일하는 것이 불행하고 스트레스 때문에 내 몸과 정신이 망가지고 있어요. 그래서 회사를 떠나기로 결심했습니다."

기대감을 가지고 큰돈을 투자해 사내 차세대 재무책임자 교육에 보낸 직원이 그만두겠다고 하니 사장은 매우 놀라며 좀 더 자세히 말해 보라고 했다. 난 전후 사정을 다 이야기했다. 사장은 난감한 표정을 짓더니 어떻게 하면 회사에 남는 쪽으로 마음을 바꿀 수 있겠느냐고 물었다. 난 회심의 한마디를 던졌다.

"내 상사를 해고해 주세요. 그리고 나를 그 포지션에 임명해 주세요. 제가 더 잘할 수 있습니다."

이 말에 그는 소리 내어 웃었다. 그리곤 차가운 콜라를 하나 꺼내와 내게 건네며 이렇게 말했다.

"Warm heart and cold head(마음은 뜨겁게, 머리는 차갑게)!"

그는 내게 다른 제안을 했다. "현 CFO를 해고하는 것은 어렵다. 회사에 그런 큰 변화를 주는 것은 지금으로서는 부담되는 일이다. 대신 네가 나가지 않고도 회사에 남아 기여할 수 있는 방안이 있을 것이다. 지금 상사와 일을 하지 않으면 넌 남아서 일할 수도 있지 않을까?" (난 YES라고 대답했다.) "그렇다면 영업기획으로 자리를 이동해서 영업전략을 담당하면 어떨까?"

그렇게 해서 난 영업기획 부서로 이동했다. 영업부의 책임자도 외국인이었고 사장이 깊이 신뢰하고 있었기에 그분 밑으로 보낸 것임을 안다. 그분이라면 CFO의 영향력으로부터 날 완전하게 보호해 줄 힘이 있으니까.

사장을 찾아가 문을 두드리기 전날 밤, 잠들지 못하던 내 가슴속에 들었던 질문은 그것이었다.

"내가 상사를 해고할 수 있을까?"

그리고 사장을 찾아가기까지 내 마음을 뛰게 한 문장은 이것이었다.

"실패할 확률이 훨씬 더 크겠지만, 설사 내 뜻대로 이루어지지 않는다고 해도 이미 난 마음속으로 상사를 해고했다."

물론 상사를 해고하려는 내 시도는 실현되지 못한 채 실패로 끝났고, 난 타부서로 이동했다. 애초에 불가능한 싸움에 내가 뛰어든 것임도 안다. 하지만 결과와 상관없이 난 내 마음의 소리대로 실행했기에 후회는 없었다.

그렇게 타부서로 이동해서 전혀 접해 보지 못했던 영업기획 분야의 일을 1년 가까이 사장의 관심과 영업임원의 훈련하에 배울 수 있었다. 이렇게 배운 영업기획의 경험은 훗날 내가 CEO로 살아가는 데 있어서 기업을 좀 더 폭넓게 이해하는 데 도움이 되었다. 다만, 내가 오랜 기간 해 왔던 일은 재무 분야였기 때문에 국내에 진출한 세계적인 IT 기업으로부터 CFO 포지션을 제안받았다. 그리고 그곳으로 이직하게 되면서 더 이상 영업기획 일은 이어가지 못했다.

사장과 새로운 상사였던 영업임원의 아쉬움을 뒤로 한 채 난 회사를 떠났다. 밤새 고민하고 실행했던 "내 상사를 해고해 주세요"의 결말은 최종적으로는 실패였다. 그때는 내 젊은 날의 의욕에 넘치는 똘끼충만한 이야기가 그렇게 끝나지 않을 것임을 알지 못했다.

그로부터 약 2년의 시간이 흐른 뒤, 그 회사의 사장으로부터 연락을 받았다. 그의 비서가 내게 "사장님께서 저녁식사를 한번 했으면 좋겠다고 하십니다"라며 일정을 맞추자고 했다. 그 사이에도 사장과 종종 이메일을 주고받았지만 퇴사 이후 식사 자리는 처음이었다. 그는 약속시간 전에 먼저 와서 기다리고 있었고, 환한 표정으로 맞아주었다. 우리는 안부를 물으며 와인을 곁들인 식사를 했다.

"네가 새로운 기업에 CFO 임원으로 간 것을 기쁘게 생각해. 그리고 첫 월급을 탔다며 보내준 옷은 정말 잘 입고 있다. 다시 한번 고맙다. 그런데 이제 다시 돌아와야지?"

난 그의 말에 정말 크게 놀랐다. 다시 돌아오라고? 이게 무슨 의미이지? 그는 다시 나를 스카우트하겠다고 했다. 그리고 내게 제안하는 포지션은 CFO 자리였다.

"너 생각나니? 그날 이른 아침에 내게 불쑥 찾아와 네 보스를 해고해 달라고 했잖아. 시간이 좀 오래 걸리긴 했지만 네 보스를 해고했으니 네가 그 자리를 맡아 줘."

그때의 내 기분은 어떻게 설명할 방법이 없었다. 몇 달간 겪었던 고통의 시간이 주마등처럼 스쳐 지나갔다. 계란으로 바위를 치는 행동임을 알면서도 난 그 무모한 행동을 했다. 결국 내 몸은 바위에 부딪쳐 산산이 깨어졌던 그 순간들이 하나하나 또렷이 기억났다.

문제는 당시 무모한 행동임을 알면서도 상사를 대차게 들이받는 결심을 전폭적으로 지지해 주었던 아내가 다시 그 기업으로 돌아가는 것에 대해서는 강하게 반대했다. 하지만 어쩌겠는가? 남편이 한번 꽂히면 고집이 보통이 아닌 것을…. 결국 아내의 허락을 받아내어 허무하게 떠났던 친정 같은 기업으로 금의환향하듯 다시 돌아갔다.

영화 〈월터의 상상은 현실이 된다〉를 보았을 때 내 인생에서 벌어진 상상이 현실이 되었던 직장생활을 떠올렸다. 솔직히 내 상사를 내 손으로 해고하는 그 상상이 현실이 될 줄은 솔직히 몰랐지만, 그 일은 실제로 내 인생에서 벌어졌다.

상사를 또 한 번 해고합니다

D

천국이 있다면 바로 그곳이 천국일 거라고 생각했다. 그토록 원했던 그 방을 내가 차지했다. 거의 매일 불려 들어가 비인격적인 야단을 맞았던 그 방에서, 원래 그 자리의 반대편 입장이 되어 반대의 방향으로 바라보며 앉아 있게 된 것이 꿈만 같았다. 하지만 돌아가 보니 회사의 사정이 전과 같지 않음을 금방 알게 되었다.

오랜 기간 건실하게 운영되던 사업이 지난 2년 사이 부침이 심했고, 회사는 대규모의 구조조정을 기획하고 있었다. 재무담당 임원이 된 나는 얼마 지나지 않아 구조조정의 소용돌이에 휘말렸다. 그 과정에 날 아껴 주었던 외국인 사장도 본국으로 돌아가게 되었고, 신임 사장은 한국인으로 대체되었다. 복귀한 지 세 달 만에 상사가 바뀌는 또 한 번의 큰 변화가 생긴 것이다.

깊이 신뢰하던 사이였던 사장이 본국으로 돌아간다는 사실은 너무나 아픈 변화였다. 이제 드디어 그와 함께 합을 맞춰 재미있게 일할 기회를 얻게 되었는데, 그 시간은 너무나 짧았다. 그가 가고 새로 온 대표는 내부 임원 중에서 발탁된 사람이었다. 내가 퇴사한 기간에 입사했기에 난 그를 잘 알지 못했다. 그는 세련된 영어를 구사하는 카리스마 있는 사람이었다. 첫인상은 그리 나쁘지 않았고 힘을 합쳐 어려워진 회사를 다시 일으킬 책임이 그와 나에게 주어졌음을 생각하며 나름대로 각오를 다졌다.

그에게 주어진 책무는 매우 무거운 것이었기에 그를 돕는 위치에 있던 나도 최선의 노력으로 함께하려 애를 썼다. 그런데 시간이 갈수록 무언가 이상한 것을 서서히 느끼게 되었다. 그것은 리더로서의 책임감에 관한 것이었다.

고정비를 줄이려면 사무실 임차료를 줄여야 한다며 강남 한복판으로 이전을 추진했다. 알고 보니 그곳은 그의 집과 매우 가까운 곳이었다. 그리고 실제로 비용이 의미 있게 줄어들지도

　　　　　　　　　　　　나도 나를 믿지 못했다

않았다. 더구나 충분히 고려해 볼 수 있는 강남 지역 내의 더 매력적인 다른 옵션들을 다 무시하고 더 좋지 않아 보이는 옵션을 택하는 모습, 사무실 이전과 함께 일부 가구를 교체한다며 기존 가구를 내 동의 없이 총무책임자를 통해 마음대로 자신이 다니는 종교기관에 기부한 행위 등 이해되지 않는 결정을 하는 모습을 보며 내 심증은 사실로 굳어 갔다.

급기야 영업상 필요하다며 몇 차례나 비자금을 요구하는 그의 모습을 보며 그대로 둘 수 없다는 결심을 하게 되었다. 하지만 예전처럼 무모한 부딪힘은 하고 싶지 않았다. 그때 나는 한 부서의 직원이었지만 이제는 회사의 살림을 책임지는 CFO이기에 칼을 꺼내든다면 확실한 결과를 얻어야만 했다. 그렇지 못할 경우 내 어설픈 시도에 회사는 공연히 더 멍이 들 수 있는 가능성이 크다는 사실을 알고 있어서 조금 더 신중하기로 했다.

그로부터 몇 달간 조용히 증거자료들을 모았다. 그가 관여되어 있거나 리드했던 의사결정 중 확실하게 회사의 이익에 반하는 결정들의 자료들을 차근차근 모아 갔다. 그리고 일곱 건 정도의 자료를 모았을 때 아시아 지역 총책임자에게 비밀리에 연락을 취했다.

얼마 후 비밀리에 그와 더불어 그룹감사실에서 회계감사관 Auditor이 나왔다. 나와 깊이 신뢰했던 다른 임원 한 명, 이렇게 둘이 사전에 이 내용을 숙지하는 미팅을 가졌다. 그리고 증거자료들을 가지고 그들이 묵고 있는 호텔로 찾아갔다. 거기서 네 명이 모여 늦은 시간까지 은밀한 미팅을 진행했다. 하나하나 문제의 사안들을 자료와 더불어 설명했고, 몇 시간에 걸쳐 그들은 우리의 상세한 설명을 듣고 질문을 하며 모든 대답을 녹음과 필기로 기록했다.

그리고 다음 날 아시아 총책임자와 회계감사관이 이른 아침 회사로 왔다. 우리가 숨죽이고 있는 동안 그들은 사장과 개별 미팅을 가졌고, 그날로 그룹과 의사소통을 진행하며 사장을 해임했다.

한 기업의 CFO로서 마땅히 해야 할 일을 했음에도 내 마음은 우울했다. 처음 세워진 한국인 사장의 시대는 그렇게 막을 내렸고, 그룹은 다시 외국인 사장 체제로 전환했다.

친구 중 한 명은 "네가 뭐하러 그렇게 험한 일을 맡아서 하냐, 그런 수고를 누가 알아주기나 하냐"라며 내 경솔함을 책망했다.

나도 나를 믿지 못했다

하지만 난 내 역할에 충실했을 뿐이고, 회사를 지키기 위해서라면 두 번 세 번 같은 상황을 만난다고 해도 동일한 선택을 했을 것이다.

비록 그 모진 일들이 지나가고 나서 나 자신도 더 이상 그 기업에 남아 내 역할을 감당하는 것에 의욕을 잃었고, 몇 달 뒤 다른 직장으로 이동하는 결정을 했다. 개인적으로 너무나 어려운 결정을 해준 CFO를 존중하는 의미로 그룹에선 내게 약간의 보너스로 감사의 표시를 했다.

나도 가끔 생각한다. '난 왜 그렇게까지 했을까? 따지고 보면 그가 회사를 팔아먹은 것도 아닌데 너무 심하게 다룬 것은 아닐까?' 그럼에도 난 늘 비슷한 선택을 하곤 했다. 기업은 경영자 한 사람의 것이 아니며, 모든 구성원의 안위가 걸린 공동의 삶의 터전이기에 리더라는 위치에 있는 사람은 최선의 양심과 최선의 노력으로 지키고 가꾸어야 한다. 리더의 권한이 큰 만큼 책임도 커야 한다고 생각하고, 그 생각을 현실에서 실천하려고 노력했다.

훗날 내가 턴어라운드 매니지먼트 전문가가 되어 개인적인 학습을 하는 과정에서 턴어라운드 분야의 전문가 집단의 88퍼센트가 기업 추락의 책임이 경영자에게 있다고 답변한 것을 보았다. 그리고 난 내가 왜 그토록 경영자의 부적합한 행동을 받아들이기 어려웠는지 알 수 있었다.

경영자라는 위치가 갖는 권한의 크기가 막중한 만큼 그 자리에서 짊어져야 할 책임이 크다는 이 단순한 사실이 현실에서 부정되는 것이 싫었다. 세상에서 이상적인 기업과 조직이 어디 있겠느냐는 말로 자조하며 살 수 있다. 그렇게 사는 것이 내가 직장생활을 하는 데 더욱 편안하고 안전한 삶을 보장해 줄 수도 있다. 하지만 그렇게 침묵하는 것을 내가 살아가는 삶의 방식으로 삼고 싶지는 않다. 누군가 나를 내부고발자라고 한다고 해도 상관없다. 내가 했던 선택은 기업을 지키는 것이었고 그로서 내가 해야 할 일을 했으니 되었다.

난 그렇게 또 한 번 상사를 해고했다.

상사로 인해 고통의 시간을 보내며 내 마음도 상처받고 신음했다. 그때 내가 느낀 사람에 대한 실망과 분노, 복수심은 나를 피폐하게 만들기에 충분했다. 이런 상사의 유형은 모양과 정도는 달랐지만 그 후로도 끊임없이 반복되며 등장했다.

나도 나를 믿지 못했다

기업이 결국 사람으로 인해 성장하듯, 그 안에 있는 리더들도 사람으로 인해 성장한다. 내가 겪었던 두 종류의 상사들을 보면서 리더다움에 대해 생각했다. 소개한 두 리더는 매우 극적인 경우였지만 그 외에도 다양한 리더가 나타났다가 사라졌다. 그리고 그들을 통해 리더다움이란 무엇인지를 생각하며 그 구체적 실체를 나의 내면에 실제 사례를 토대로 쌓아 갔다.

돌아보면 내 인생의 맥락이 고통스러운 환경과 사건에서 비롯되었듯이 내 직장생활에서 성장의 맥락도 고통스러웠던 리더로부터 비롯되었다. 다만, 난 그들에게 끌려다니길 거부했고 저항했으며 결국은 그들과 갈라섰다.

내가 주인이다

    그런 모진 싸움을 연이어 치르면서 얻게 된 깨달음은 나를 포함한 대부분의 사람에게 상식적이면서도 누구도 말해 주지 않는 것이었다. 그것은 마치 모든 사람이 산소와 물이 없으면 죽는다는 사실을 알면서도 아무도 그 사실을 말해 주지 않는 것과 같다.

    직장인으로 살아오면서 누구도 내게 "네가 진짜 주인이다"라고 말해 준 적이 없다. 당연하다. 나는 기업의 주인이 아니기 때문이다. 기업의 주주를 제외하고 누구도 주인일 수는 없다. 하지만 기업에 몸 담고 있는 모든 사람은 주인이다. 기업의 주인은 아니지만 자신의 경력Career의 주인이다.

내가 그토록 모진 싸움을 했던 이유는 그들이 내 경력을 망치는 것을 두고 볼 수 없었기 때문이다. 그들은 내 인격을 짓밟아서라도 복종하는 사람으로 만들려 하거나, 그게 안 될 경우 내 삶을 무너뜨리려 했다. 그들이 소유한 결정권을 이용해 공공의 이익이 아닌 사적 이익을 위한 행동으로 기업을 어렵게 만들고 결국 내 경력까지 망가지게 만들려 했다.

나는 나서서 내 경력을 지킴으로써 궁극적으로는 나 자신을 지켰다. 내가 내 경력의 주인이라는 이 단순하고 변할 수 없는 사실을 마음속에 굳게 붙잡는다면 내가 한 행동이 이해될 것이다.

나는 내 경력의 주인으로서 내가 속한 기업을 성장시킨다. 기업의 성장이 내 경력의 발전에 가장 지대한 영향을 미치기 때문이다. 기업의 성장을 위해서 가장 필요한 것은 그 일을 할 제대로 된 사람들이며, 리더로서 그런 사람을 키워야 만들어진다. 그래서 난 사람을 키운다.

주인의식을 가지라는 말은 숱하게 들었다. 그 말을 뜯어 보면 결국 직원들이 주인이 아님을 전제로 한다. 주인인 주주에게 주인의식을 가지라고 말하는 사람은 없다. 너무나 당연하기 때문이다. 주인의식을 가지라는 말은 직원들에게 그것이 당연하지 않기에 굳이 말하는 것이다.

하지만 직원들은 모두 주인이다. 기업의 주인이 아닌 자신의 경력의 주인이다. 그 점은 변할 수 없는 사실이다. 각자가 그것을 알게 해야 하고 기억하고 그에 맞추어 행동해야 한다.

주인이라면 기업이 어떻게 돌아가고 있는지 관심을 가질 수밖에 없다. 기업의 성장이 자신의 성장임을 믿기에 관심을 갖고 주의해서 지켜본다. 내가 주인인 것처럼 다른 모든 사람도 각자의 주인이기에 기업의 성장에 해가 되는 행동을 하는 사람을 두고 볼 수 없는 것이다. 만일 기업이 성장의 길에서 벗어난다면 주인으로서 직원들은 자신의 경력에 도움이 되는 결정을 할 수 있어야 한다. 주인이기에 그렇게 해야 한다.

내가 리더로서 사람들을 키우는 과정은 그들의 주인됨을 알려주는 과정이었다. 그들에게 자신의 정체성을 알게 했고, 주인으로서의 책임감을 깨우쳤고, 주인에 걸맞은 행동을 요구했다. 물론 그 과정에서 실수도 있었고 과오도 있었다. 그 또한 깨달음이었다. 하지만 멈추지 않고 해 왔다. 직원들을 육성하는 것이 내 경력에서 매우 큰 비중을 차지한 것은 내 선택이었고, 난 그 점이 자랑스럽다.

2부

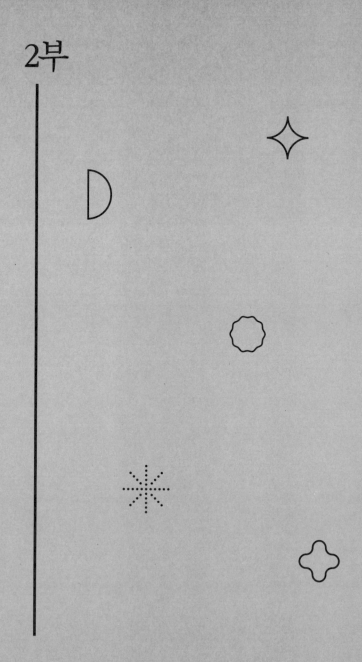

사람과 함께 성장하다

뜻밖의 제안

링크드인으로 누군가 메시지를 보내왔다. 이름을 보는 순간 그녀가 떠오르며 이력을 따라 들어가 보고 깜짝 놀랐다. 내가 재직했던 이전 기업의 리셉션에서 근무했던 직원이었다. 너무나 반가운 마음에 그간의 소식과 안부를 주고받았다. 이야기를 주고받다가 보니 놀랍게도 그녀는 내 집에서 차로 40분 정도 떨어진 런던 근방에 살고 있었다. 우리는 서로 놀라며 세상에 우연 같은 인연에 대해 말했다.

그 후 그녀는 우리 집에 놀러 와서 나와 아내와 즐거운 대화의 시간을 갖고 한국식 만찬과 더불어 와인을 마시며 더 많은 이야기를 나누었다.

"사모님, 상무님이 그 얘기해 주셨어요?"

"어떤 일인데요?"

그녀가 아내에게 들려준 나와의 일화를 듣고 있자니 그때 생각이 떠올랐다.

고등학교를 갓 졸업한 듯한 앳된 얼굴의 똘망똘망한 눈망울을 가진 그녀를 리셉션 담당직원으로 채용하며, 리셉션이라는 포지션이 갖는 중요성을 교육했다. 그녀는 어린 나이 같지 않게 자신의 일을 척척 잘해냈고 그런 모습이 대견했다.

하지만 시간이 가면서 문제가 점점 불거졌는데 거의 매일 그녀의 모습이 점점 더 지쳐 보인다는 것이었다. 그래서 불러서 물어보았다. 망설이다가 그녀가 한 대답은 사정상 근무시간 이후에 맥줏집에서 서빙 알바를 하고 있다는 것이었다. 서빙 알바는 몇 시까지 하느냐고 물어보니 새벽 2시까지 한다고 대답했다. 그 이야기를 들으며 솔직히 이 직원을 그 자리에 그대로 두어도 될까 잠시 생각했다. 하지만 이어지는 직원의 말에 난 생각을 달리했다.

"회사 일이 너무 재미있어서 만족하며 다니고 있습니다. 많은 것을 배우고 있어서 열심히 해서 더 성장하고 싶습니다. 기회를 주서서 감사합니다."

난 그녀의 직속상사를 불러서 상황을 설명해 주고 그 직원이 저녁에 근무하는 맥줏집의 위치를 알아오도록 했다. 그리고 며칠 뒤 지원부서 직원을 전부 데리고 그곳에서 회식을 했다. 직원들을 모두 데리고 간 이유는 그녀를 응원하려는 마음도 있었지만, 그곳에서 일하는 모습을 직접 보고 싶은 마음이 있었기 때문이었다.

그녀는 매우 숙달된 모습으로 서빙을 했다. 그곳의 매니저에게 물어보니 일을 성실하게 하면서 감각이 좋다는 평도 들려주었다. 우리가 온 것 때문에 그녀는 한껏 들뜨고 기뻐했고, 화기애애하게 다같이 회식을 즐겼다.

며칠 뒤에 다시 그녀를 불러서 이야기를 나누었다. 알바를 통해 얼마를 버는지 물은 후 한 가지 제안을 했다.

"거기서 버는 돈의 50퍼센트에 해당하는 만큼 급여를 더 올려 주면 그 일을 그만둘 의향이 있나요?"

그 말을 들은 그녀는 매우 놀란 표정을 지었다. 그리고 왜 그렇게 해 주려는지 이유를 물었다.

"××씨가 피곤하지 않은 상태에서 회사 일에 최선을 다해 준다면 회사로서도 나쁘지 않을 것 같아서요."

조금 더 이야기를 나누면서 그 직원은 결국 내 제안을 받아들였고, 저녁에 하는 일을 그만두었다. 그 뒤로 그녀는 자기계발 차원으로 어학공부도 열심히 했고, 후에 업무상 우리 회사에 출장 온 영국인 직원과 마음이 맞아서 결혼해 영국으로 건너와 살게 되었다.

내가 처음 느낀 것처럼 그녀가 대단한 사람이었음을 확인한 것은 그 후 그녀의 삶을 보면서부터였다. 영국으로 건너와 어려서 다 하지 못한 공부에 매진해서 대학교육을 받았고 약사자격증까지 취득한 것이다. 그 이야기를 들으며 얼마나 기뻤는지 모른다.

그녀가 가져온 꽃 한 다발과 와인 한 병을 앞에 두고 아내와 난 사람과의 인연의 신비함에 대해 감사를 나누었다.

다양성과 폭력을 구분하기

얼마 전 과거에 함께 회사생활을 했던 후배가 자신의 SNS에 나누었다고 알려 준 글이다. 이 글을 읽으며 잊고 살았던 그때 그 상황을 기억에 떠올렸다.

오래전 일이다. 당시 다니던 회사의 팀원 중 무척 수다를 좋아하는 사람이 있었다. 어느 날 고객사 휴게실에서 같이 파견 나간 다른 팀원들에게 "저 사람이 영업을 딴 게 너무 수상하다. 분명 담당자와 부적절한 관계임이 틀림없다"라고 얘기한 것을 다른 팀원이 너무 듣기 거북해서 얘기해야 할 것 같다며 전해 줬다. 나로서는 정말 어이없고 기분 나쁜 일이었다. 하지만 분명 회사 차원에서 "네가 참아라"는 얘기를 들을 것이라고 그동안의 경험에 비추어 지레짐작해서 며칠 동안 이 사건을 어떡할까 고민했다. 그 팀원은 워낙 말을 많이 하는 스타일이었고, 게다가 고객사에 잘못 말했다가 일이 커지지 않을까 걱정됐다. 며칠 후 당시 그 회사의 인사를 총괄하던 임원에게 이 일을 상의했다.

너무 놀랍게도, 그 얘기를 들은 그 임원은 군소리 하나 없이 아주 무서운 표정으로 "나는 그런 부도덕한 직원과 함께 일할 수 없습니다"라고 말했다. 아직도 토씨 하나까지 그대로 기억날 정도다. 당장 인사 조치를 할 건데 괜찮겠느냐, 언제 부를 건데 그 시간에 마주치기 싫으면 회사에 나오지 않아도 된다라고 얘기해 주셨다. 회사에 무리가 가지 않겠느냐고 했더니 "이게 내 일입니다. 걱정 마세요"라고 하셨다. 정말 초스피드로 그 직원의 퇴사가 결정되었고, 언제인지도 모르게 짐이 사라졌다. 하지만 나 때문에 동료를 잃었다는 소리를 바람결에도 들리지 않았다.

이 사건은 직원이 당한 개인적인 불합리에 회사가 어떻게 대처하는지에 대한 나의 고정관념을 깼고, 회사는 이래야 한다는 기준을 세워 준 사건이었다. 그 뒤로도 그 임원분과는 개인적으로 다양한 얘기를 나누고, 고민상담도 하고 있다. 하지만 사실 내게는

나도 나를 믿지 못했다

이분에 대한 상당 부분의 이미지가 아직도 이 사건에 딱 고정돼 있을 정도로 인상적이었다.

당시에 난 이 이야기를 듣고 상황을 꼼꼼하게 파악했다. 관련된 당사자들을 모두 개별적으로 만나서 최대한 객관적으로 상황을 재구성했다. 결론적으로 사실이 아닌 개인의 느낌과 추측으로 한 직원이 또 다른 직원을 모함한 것이었다. 그것도 여성으로서는 수치스러울 수밖에 없는 스토리로 무고를 한 것이다.

해당 부서장의 반발이 있었지만 내가 직접 설득해서 빠른 시일 내에 퇴사시킨 경우였다. 왜 그렇게 했을까? 회사 안에서 반드시 뿌리를 뽑아야 할 것 중 하나가 과도한 내부 경쟁과 서로를 향한 시기, 질투, 무고 등이라고 믿었기 때문이다.

지금 온라인상에서의 악플에 대한 대처가 이와 비슷한 것이라고 생각한다. 무고를 방치하면 기업 내에서 문화가 되어 버린다. 사실상 해고에 가까운 결정을 하면서 난 혹시라도 있을 수 있는 불복과 소송에 대해 각오했었다. 그리고 사전에 법률자문도 받아 둔 상태였다.

경영자를 비롯한 리더가 할 일은 기준을 세우는 것을 포함한다. 가치의 기준, 행동의 기준, 옳음의 기준 등이 그것이다. 그것을 소홀히 하면 결국 기업의 문화가 희미해지고 직원들 사이에 정치와 모략이 싹튼다고 생각한다. 반면 다양성을 인정하지 않고 그것을 편협하게 다루면 그 또한 정신적 편협함이라는 우물 속에 갇혀 기업의 문화가 속 좁은 문화, 우리만 잘난 문화로 변질된다.

남녀노소 다양한 배경을 가진 직원들이 수십 명에서 수백 명 이상 모여 있는 조직에서 있었던 별의별 사건들은 내 상상을 초월하는 것이었다. 하지만 내게는 언제나 변치 않는 하나의 기준이 있었다. 그것은 다양성으로 보아 인정할 부분인지, 아니면 도덕적 기준으로 보아 끊어야 할 부분인지 상황에 따라 구분하자는 것이다.

그 기준에 따라 회사 직원 중 누군가 동성연애자라는 투서를 받았을 때는 철저히 개인의 사생활과 선택이라고 판단해서 어느 누구에게도 알리지 않고 투서를 폐기했다. 하지만 이 경우처럼 무고에 해당하는 진정을 받았을 때는 언제나 강경하게 대응했다. 이것은 경영자로부터 일반직원까지 지위와 관계없이 똑같이 적용되어야 할 기준이라고 믿는다.

나도 나를 믿지 못했다

팔로어와 함께했던 위험한 여행

만남

근처 학원에 갔다가 영화와 팝송으로 영어 리스닝을 연습하는 과정이 눈에 띄어 망설이지 않고 등록했다. 학창 시절에도 영어를 배우겠다고 학원에 다닌 기억이 없는데 직장을 다니면서 그것도 영어를 주로 사용해야만 하는 외국계 기업에 다니면서 뒤늦게 영어학원에 두 번째 등록한 것이다. 내가 선택한 과정은 두 개의 클래스로 구성되어 있었고 그중 하나를 골라 등록했다. 그리고 며칠 뒤 첫 수업에 들어가 보니 내가 가장 연장자였다. 그 때문에 선생님의 눈에 띄었고, 친해지게 되었다.

난 그때 스웨덴에서 시작된 한 기술기업의 한국 법인 CFO로 일하고 있었고, 처음으로 우리 부서의 신입사원을 채용하기 위해 채용공고를 준비하고 있었다. 이 사실을 그 선생님께 말씀드리고 혹시 선생님이 운영하는 클래스에서 추천할 만한 졸업을 앞둔 학생이 있는지 살펴봐 달라고 부탁했다. 며칠 뒤 선생님이 한 학생을 추천해 주었다. 클래스에 참여하면서 여러모로 도움을 주는 클래스의 과외활동(학생들이 매월 자발적인 참여로 외국영화를 보고 식사하고 맥주 한잔하는 친목과 학습을 겸한 모임) 반장 역할을 하는 학생이라는 설명과 함께 굉장히 성실해서 주저 없이 추천했다는 이유도 덧붙였다.

살짝 어색한 듯이 클래식해 보이는 양복을 갖춰 입은 체격 좋은 학생이 면접에 왔다. 내가 먼저 인터뷰를 진행했고, 사장과의 일대일 면접도 진행되었다. 그리고 그 학생을 신입직원으로 채용하기로 결정했다.

그는 기업체에 처음 지원해 본다고 했다. 첫 번째로 지원한 인터뷰에서 합격한 것이다. 채용을 결정한 이유에는 그 사람이 마음에 든 것도 있었지만, 무엇보다 그 응시자를 뽑겠다는 내 결정이 가장 크게 작용했다. 사람을 찾고 연결하는 데 있어서 신뢰의 고리는 존재한다. 사장은 날 믿었기에 내가 추천한 사람

나도 나를 믿지 못했다

의 채용을 결정했고, 난 선생님의 성실성과 수업을 이끄는 태도의 진정성을 보고 믿었기에 추천을 의뢰했고, 선생님은 반장으로서 그 친구의 성실성을 보고 믿었기에 추천했다. 이런 신뢰의 고리 안에서 만났기에 난 그날 처음 봤음에도 그를 믿을 수 있었다. 이 신뢰의 고리가 얼마나 견고한지가 문제일 뿐이다. 그 고리가 크고 견고하다면 대부분의 경우 큰 문제 없는 것이 당연한 결과일 것이다. 난 그런 신뢰의 고리를 만났고 그렇게 해서 그를 얻었다.

처음 가르침

그에게 준 첫 번째 역할은 총무였다. 회사의 살림살이에 필요한 궂은일을 도맡아 하는 그런 역할이었다. 그는 똑똑했고 훌륭한 품성을 소유한 사람이었다. 그를 어떻게 육성할지 생각하면서 난 그에게 두 가지 태도를 가르치려고 애썼다.

첫째는 직원들을 섬기는 마음이다. 때로는 직원들이 필요한 것을 부탁하러 오기도 하고 직원들이 아쉬운 것을 요청하러 오는 위치이기에 그 일을 맡은 담당자는 자칫 자신이 힘이 있다는 착각에 빠지기 쉽다. 겉으로 보이는 업무상 힘의 구도 때문이라도 더 직원들을 섬겨야 한다. 그들이 편안하게 필요를 이야기하고 상의하는 대상이 되어야 한다. 절대로 작은 힘을 믿고 군림하는 태도를 가지면 안 된다.

둘째는 회사를 지키는 마음이다. 사장 이하 말단직원까지 어느 부서, 어느 역할에서 무슨 일을 하든지 모든 직원은 회사를 지키려는 마음을 가져야만 한다. 더구나 지원부서라는 조직은 기업의 살림을 챙기는 역할이기에 그런 마인드를 더욱 철저히 길러야 한다. 설령 "상사인 내가 요구하더라도 기업에 해가 되는 일은 절대로 따르면 안 된다는 기준을 세우라"고 말했다. 직원들은 절대다수가 선한 뜻을 가지고 있다고 믿지만 간혹 그렇지 않은 사람도 있다. 우리의 역할은 대내외에서 위험을 초래하는 존재로부터 기업을 지키는 것이다. 때문에 회사 관점에서 생각하고, 행동하는 습관을 길러야 한다.

이 메시지는 내가 몸담은 모든 기업에서 신조처럼 지켜 온 것이기에 그에게도 이 점을 강조했다. 그는 신입이라는 점을 놓고 본다면 그 위치에서 승승장구했다. 매우 빠른 시간에 회사에 완벽하게 적응했고, 주변의 신뢰를 얻어서 담당하는 일마다 칭찬을 들었다. 주위의 직원들도 아무개 씨가 있어서 너무 편하고

나도 나를 믿지 못했다

좋다는 이야기와 함께 좋은 분을 데려와 주어서 고맙다는 긍정적 반응이 각 부서의 부서장을 통해 내 귀에 들려왔다. 난 그를 인사전문가HR Specialist로 육성하려는 마음을 가졌다. 가지고 있는 자질이나 태도로 볼 때 충분히 그는 좋은 HR 매니저가 될 수 있으리라고 봤다. 그리고 1년 후부터는 그에게 이런 내 생각을 공유했다.

성장과 실수

시간이 지나 그는 총무와 인사 쪽에 절반씩 관여하게 되었다. 아직 기업의 규모가 작아서 그가 총무담당자 겸 인사담당자의 역할을 하기에 큰 무리는 없었다. 다만, 기업의 성장 속도가 빨라서 경험이 충분한 인사책임자를 구해 그도 경험 많은 전문가로부터 인사 업무를 체계적으로 배울 기회를 가져야 한다는 점은 내가 풀어야 할 숙제였다.

인사담당으로서 그가 루틴한 일이 손에 익어 갈 즈음 작은 실수를 했다. 다름 아닌 직원 중 한 사람의 급여 계산에 착오가 있어서 돈이 조금 더 나간 것이다. 사고의 경중을 따지자면 그리 큰 사고라고 볼 수는 없었다. 해당 직원에게 상황을 설명하며 미안함을 전하고 다음 달에 조정하면 되는 일이었다. 하지만 그는 처음 한 실수에 주눅이 들어 내게 보고하러 왔고, 난 그에게 다음 날 아침 7시에 내 방으로 오라고 지시했다. 그리고 다음 날 아침, 내 방에서 그와 마주 앉았다. 그는 야단을 맞을 것이라고 생각하며 긴장한 채로 앉아 있었다.

난 먼저 실수를 덮으려 하지 않고 말해 주고 고치려 한 점에 대해 칭찬했다. "사회생활을 하다 보면 실수는 언제든지 할 수 있기에 너무 위축될 필요는 없다. 다만, 이번 기회를 통해 네가 두 가지를 해 주었으면 좋겠다. 첫 번째는 스스로 원인을 진단해서 다시는 이런 실수가 반복되지 않도록 조치를 취하는 것이다. 두 번째는 피해 당사자인 직원에게 직접 찾아가서 진정성 있게 사과하고 원인과 조치를 설명하는 것이다."

그날 아침 그는 작은 실수 하나를 통해 두 가지 귀중한 깨달음을 마음에 새겼다. 그는 내가 요구한 두 가지를 충실히 이행했고, 내가 기억하는 한 그 후 같은 실수는 반복되지 않았다.

나도 나를 믿지 못했다

변화를 통해 커진 관계의 확장

어느새 그와 난 8년이라는 시간을 함께했다. 그리고 내게 큰 변화가 찾아왔다. 난 마음속의 중요한 결심을 회사에 전달하기 전에 그를 불러 이야기했다.

"나 회사를 그만두기로 결심했어. 식당을 오픈할 거야."

뜬금없고 황당한 이야기에 그는 크게 놀라 아무런 대꾸를 하지 못했다. 내가 퇴사를 결심하고 식당을 하겠다는 계획이 얼마나 뜬금없는 것이었던지 날 철썩같이 믿고 있는 아내를 제외하고 그 누구도 그 생각에 찬성하는 사람이 없었다. 철없는 생각, 나이 들어 망령이 났다, 아직 세상을 너무 모른다는 등 그때 난 살면서 들을 수 있는 모든 걱정의 말을 다 들었다. 다음 날 그가 내게 개인 면담을 요청했고 퇴근 후 저녁식사를 함께했다.

"저도 상무님과 같이 퇴사하겠습니다."

그가 이런 반응을 보일 수 있다는 것은 전혀 계획에도 없는 예상밖의 일이었다. 솔직히 말문이 막힐 정도로 너무 놀랐다. 재무임원이자 지원부서 책임자(재무, 인사, 총무, IT 부서 등 전체 백오피스Back Office 부문 책임자)인 나와 HR 매니저인 그가 동시에 퇴사한다는 것은 쉬운 일이 아니었다. 난 그렇게까지 날 생각해 주는 그에게 깊은 감사를 표함과 동시에 그건 불가하다는 뜻을 전했다.

그때부터 그의 집요한 설득이 시작됐다. 내가 받아들이지 않자 급기야 내가 나가면 나와 같이 사업을 하든 안 하든 자신은 회사를 그만두겠다는 결심을 전해 왔다. 몇 주간 그와 실랑이를 하다 결국은 내가 손을 들고 말았다. 그리고 이 결심을 사장님께 말씀드렸다.

회사에선 집요하게 내 뜻을 돌이키기 위해 설득했다. 사장님이 직접 나서서 수차례 설득하고 집으로 찾아와 아내에게 도움을 구하기까지 했다. 예산을 편성해 추가적인 큰 보상까지 제시하며 날 잡고자 했다. 내가 나가면 HR 책임자인 그도 나간다는 것을 알았기에 더 집요했다. 하지만 우리는 차근차근 우리가 회사에서 나가는 상황을 가정해서 대안을 준비해 갔고, 우리는 약간의 시차를 두고 정든 기업을 떠났다. 그리고 그와 난 초라하고 작은 배에 둘만 올라탔다.

나도 나를 믿지 못했다

새로운 출발

퇴사 후 우리(그, 나 그리고 내 아내)는 한 달간 매일 만나 음식에 대해 이야기를 나누고 직접 요리해 먹으며 여유를 갖고 사업 계획을 진행했다. 그러다 우연한 기회에 식당 오픈 계획이 급속도로 진전되어 50평 정도 되는 작지 않은 식당을 오픈하게 되었다. 그와 내가 퇴사한 후 우린 두 달 만에 실제로 식당을 인수해서 오픈한 것이다. 주변의 말에 따르면 철없는 세 사람이 실제로 사고를 친 것이었다.

나중에 그의 아내와 어머님을 만날 기회가 있을 때 여쭤 보았다. 철없는 결정으로 보였을 텐데 왜 허락했느냐고. 그분들의 대답은 그가 날 친형처럼 따르고 존경하는 마음을 알고 있었고 설혹 실패하더라도 그가 간절히 원하기에 허락했다는 것이었다. 얼마나 눈물겹게 그가 고마웠는지 모른다.

처음 두 달은 식당이 생각했던 것보다 더 잘 됐다. 오픈한 지 두 달밖에 되지 않았는데 부동산 중개업소 몇 곳에서 전화가 와서 가게를 다시 팔 생각이 없는지 의사를 타진해 올 정도로 잘 됐다. 근방 도시에서 일부러 차를 몰고 찾아오는 분들도 많았고, 주변에 소문도 나면서 처음 이 일을 하는 우리 세 사람이 힘을 얻기엔 충분한 결과였다. 그럼에도 내 마음에는 뭔지 모를 찝찝함이 있었다. 그리고 그로부터 네 달이 지난 뒤에 다시 난 그와 마주 앉았다.

"생각해 봤는데 네가 아직 나이가 젊고 만들어 갈 커리어가 창창한데, 이렇게 식당에서 일하는 것은 아닌 것 같다. 퇴사 후 7개월밖에 안 지나 이런 말을 하기가 조심스러운데 난 네가 다시 기업으로 돌아가는 것이 나을 것 같다는 생각이 들어."

내가 그런 생각을 했던 데에는 이유가 있었다. 식당 하나만을 하려 했던 것이 아니라 식당을 베이스로 작은 공장을 갖추어 탕 종류의 음식을 제조 유통하려는 생각을 가지고 있었다. 그리고 주위에 아는 분들에게 이전부터 투자에 참여할 의향을 확인해 두고 있던 참이었다. 하지만 막상 시작해 보니 식당이 잘 되고 안 되고를 떠나 객관적으로 난 아직 그럴 준비가 안 된 사람인 것이 느껴졌다. 막상 해 보고 나서야 사업의 확장 가능성이 낮다는 것을 깨달은 것이다. 그런 생각이 확실해지자 그에게 난 이런 생각을 전했다.

나도 나를 믿지 못했다

다시 각자의 길

그는 어렵게 동의했다. 그도 그의 삶이 있고 가족이 있기에 너무나 불확실한 미래를 가게 할 수는 없었다. 그와 관련해 나에겐 두 가지 옵션이 있었다. 하나는 그를 이전 회사로 돌려보내느냐, 아니면 새로운 기회를 찾느냐. 그는 아직 젊고 나름 헤드헌팅계에서도 노릴 만한 경력과 평판이 있었기에 얼마든지 새로운 기회가 있다는 것을 알고 있었다. 하지만 우리가 함께 근무했던 기업은 좋은 곳이었고, 그가 기여할 부분이 여전히 많다는 생각에 혹시라도 인연이 다시 닿는다면 괜찮은 옵션이라 생각했다. 그래서 다시 사장님을 찾아갔다.

상황 이야기를 전하며 그를 인사책임자로 다시 채용할 의향이 있는지 문의했다. 생각해 보라. 분명 내가 아쉬운 부탁을 하러 간 모양새였지만 난 사장님께 조건을 전제로 한 복귀만이 가능하다고 그의 매니저같이 굴었다. 내가 요구한 조건은 한 직급 승진시켜서 데려가라는 것이었다. 다행히 회사는 인사책임자를 다시 찾으려 했고, 내가 나타나 그런 제안을 하자 어렵지 않게 조건을 수용하고 그를 다시 영입하는 것에 동의했다. 그리고 그는 며칠 뒤 이전 회사로 복귀했다.

그가 떠난 빈자리는 내 마음에 큰 구멍으로 남았다. 얼마나 허전했는지 말로 다할 수 없는 아쉬움과 미안함으로 한동안 마음을 잡기가 어려웠다. 하지만 나도 아직 갈 길이 많이 남은 사회인이었다. 나 역시도 본격적으로 다시 복귀할 준비를 했다. 하지만 이전 회사로 복귀한다는 것은 내 계획에 없었다. 그와 난 회사에서 차지하는 무게 값이 달랐고, 그는 한 부문의 책임자로 상황에 따라 얼마든지 들고 날 수 있는 여지가 있는 위치였다. 반면 나는 초창기부터 함께한 소수의 고위 임원 중 한 명으로 내 말과 결정에 대한 책임을 지고 번복하기 어려운 무거운 자리였기에 그럴 수 없다고 생각했다.

외부에서 기회를 찾기로 하고 몇몇 기업과 인터뷰를 진행했다. 그러던 차에 절친한 선배가 한 그룹이 유럽에서 기업들을 인수하고 있다며 많은 유럽 기업에서 CFO로 일해 본 내 경험이 꼭 필요한 곳이라 말하며 강력히 추천했다. 그곳은 대학 졸업 후 처음 다닌 직장이었기에 나로선 16년 만의 재입사였던 것이다. 그룹 고위임원 및 인사책임자와 인터뷰가 진행됐고 일사천리로 재입사가 확정되었다.

나도 나를 믿지 못했다

1년간의 돛단배 여행

많은 사람은 나와 그가 철없는 방황을 했다고 한다. 뜬금없이 말도 안 되는 식당 사업으로 스스로 커리어를 망가뜨릴 뻔했다고 한다. 만일, 숨구멍까지 다 보이는 화소수가 높은 최첨단 카메라로 우리 인생의 단면까지 의미를 기록할 수 있다면, 그런 객관적 시각이라는 것이 존재한다면 어쩌면 그들의 말이 정확히 맞을 수도 있을 것이다.

하지만 난 우리가 위험하지만 재미있는 여행을 함께한 것이라고 생각한다. 불확실성으로 인한 위험이 전혀 없는 뻔한 여행이 재미있을 리가 있을까. 그것은 마치 기름기가 완전히 쪽 빠져 살만 남은 수육과 다를 것이 없다.

우리는 전혀 모르는 세상으로 발을 내디디고 제법 멀리 여행을 떠났다. 그 여행이 처음 기대만큼 광활한 바다에 이르지 못했지만 작은 돛단배에 몸을 싣고 두둥실 작은 호수쯤은 돌아올 정도의 여행이었다고 생각한다.

그는 지금도 그 기업의 인사책임자로 자신의 몫을 충분히 잘 감당하고 있다. 나와 동갑인 사장님은 이제는 친구처럼 만나 서로 밥과 술을 나누는 사이이기에 그에 관해 물어봤다.

"그때 그 친구 안 데리고 왔으면 큰일 날 뻔했지요. 너무 일을 잘하고 있어서 감사한 마음이 큽니다."

그 말을 듣고 내 마음도 얼마나 기뻤는지 모른다.

그와 난 이제 '형님, 아우'라는 호칭으로 지낸다. 가족 간에도 서로 정기적으로 안부를 묻고 왕래하고 있다. 내가 해외에 나가 있던 동안에 동생은 내 아들에게 삼촌 역할을 톡톡히 해 주었다. 이제는 그도 나도 친형제 이상으로 서로 사랑하고 존중하며 살고 있다. 어떤 상황이 온다 해도 그는 이제 내 동생이고 나는 그의 형일 것이다.

그와 함께했던 짧지만 강렬했던 삶의 여행으로 난 사람을 얻었다. 그는 나를 한 단계 더 성숙한 리더로 성장시켜 준 소중한 사람이다. 난 그를 통해 리더는 함께하는 사람들의 헌신과 사랑으로 성장한다는 것을 경험할 수 있었다. 그의 헌신적인 믿음이 없었다면 내가 리더가 될 수 있었을까? 생각해 보면 고마운 마음뿐이다.

한 사람을 향한 8년의 집착

D

               2012년 여름, 그때는 내가 어려운 기업에 투입되어 한창 정신없이 고군분투하던 때였다. 내 자리는 기업의 재무 업무를 총괄하는 CFO였지만 제품의 부실화와 영업망의 붕괴 및 고객의 이탈 앞에서 CFO라 하더라도 재무나 회계 이외의 문제, 즉 영업의 개선을 통한 수입의 증대를 만들기 위한 작업에 함께 달려들어야만 했다. 그런 이유로 난 가장 중심이 되는 매장 하나를 맡아 운영과 재고관리를 책임졌다. 한 가지 역할이 아닌 서너 가지 역할을 동시다발적으로 진행하고 있었다. 더구나 차로 2시간 거리에서 출퇴근하다 보니 하루하루가 고난의 연속이었다.

B 과장은 그런 상황에 있는 나를 돕기 위해 그룹에서 투입된 IT 전문가였다. 한국에서 머나먼 이탈리아로 출장을 와서 3개 브랜드의 IT 시스템 측면을 돌아보면서 평가하고 개선점을 찾아 개선하는 일을 맡아 진행했다. 아무래도 내부 살림을 챙기는 나와 업무상 협업이 많을 수밖에 없었기에 그는 내 주변에서 맴돌며 일을 했다.

자연스레 그의 일하는 스타일이 눈에 들어왔다. 무엇보다 그의 집요함이 가장 인상적이었다. 기존의 IT 운영 시스템을 이탈리아인 담당자들과 함께 현장의 문제들을 찾아내고 진단하는 작업을 하느라 거의 매일 야근해야 했지만, 그는 그들을 윽박지르지 않았다. 상호 간에 사용하는 용어와 이해하고 접근하는 방식이 다른 데다 중간에 통역을 끼고 일을 하는 환경 때문에 진행 속도가 두 배 이상 느릴 수밖에 없었다. 멀쩡한 정신을 가진 사람도 그런 상황이 반복되면 짜증에 사로잡히기 쉬운데 그는 그러지 않았다. 집요하게 야금야금 본질을 향해 접근해 가는 그의 모습을 보며 강한 인상을 받았다.

그가 작성한 보고서를 보면 깊이가 있었다. 많은 시간을 들여 파악한 내용을 상세히 깊이 있게 설명하는 모습을 보며 진정성

면에서도 좋은 이미지를 갖게 되었다. 한마디로 '이 친구 참 괜찮은 사람일세'라는 생각을 품게 되었다.

그는 진정성으로 내 마음을 열고 내 인식 속에 괜찮은 사람으로 자리 잡기 시작했다. 고된 일을 진행하는 와중에 하루는 그에게 주말 동안 1박 2일 여행을 같이 가겠느냐고 제안했고 그가 흔쾌히 동의했다. 그렇게 우리는 1박 일정으로 피렌체를 다녀왔다. 비용을 줄이느라 같은 방을 나눠 썼고, 같이 도시를 걸어다녔고, 함께 밥을 먹었고, 같이 우피치미술관을 탐독하듯이 샅샅이 돌아다녔다. 여행을 통해 그가 어떤 사람인지 더 많이 알게 되었다.

여름이 지나고 가을이 시작되면서 한국으로 치면 추석이 돌아오는데 B 과장은 집으로 돌아가지 못한 채 여전히 그의 과업을 진행하고 있었다. 외국에서 일한다는 것은 한국의 명절을 잊어가는 과정임을 알아가고 있었지만 집을 떠나 출장 와 있는 그를 마음으로나마 챙겨 주고 싶었다. 그에게 전화를 했다.

"오늘 노는 날인데 뭐해요?"

"별다르게 하는 일 없이 쉬고 있습니다."

"그럼 우리 집에 와서 같이 밥이나 먹을까요?"

"좋지요. 제가 어떻게 가야 할까요?"

그는 볼로냐라는 도시에서 프로젝트를 진행하고 있었고 나는 파르마라는 도시에 있었다. 두 도시 간의 거리는 차로 약 1시간 정도 걸리기에 내가 그를 데리러 가기로 했다. 집으로 돌아오는 길에 같이 장을 보고, 내가 요리를 했다. 그는 모든 음식을 맛있게 먹었고, 우리는 점심식사를 마치고 많은 이야기를 나누었다. 집 주변 시골길을 산책하고, 카페에 들러 카푸치노를 마셨다. 볼로냐로 그를 다시 데려다주고 돌아오는 길, 날은 이미 어두워졌지만 마음 한편이 뿌듯했다. 일 잘하는 사람에게 휴식을 제공하고, 조금이나마 마음의 활력을 찾게 해준 것 같은 생각에 기뻤다.

세 달 정도 소요된 그의 출장 일정은 어렵사리 마무리되었다. 의미 있는 출장이었지만 현실에서 그의 제안대로 개선안을 도입하기에는 비용과 투입되는 인력 등이 당시의 상황에서는 부담스러운 것도 사실이었다. 그럼에도 난 그 일이 필요하다고 생각했다. 그래서 유럽 사업 책임자인 상사에게 그를 영입해 유럽에 있는 법인들을 대상으로 PIProcess Improvement(공정 개선) 작업을 진행하자고 제안했다. 하지만 아쉽게도 상사는 PI 작업 대신 법무

나도 나를 믿지 못했다

분야 인력을 선호했다. 그렇게 그와의 업무상 연결은 이어지지 못한 채 우리는 각자 다른 곳에서 일했다.

그렇게 몇 년의 시간이 지났다. 나는 그사이 3개의 법인에서 턴어라운드를 진행한 후 유럽 지역 CFO로 역할을 바꾸어 일하고 있었고, 그는 인도에 주재원으로 나가 고된 일을 진행하고 있었다. 그가 다시 한국으로 복귀했다는 소식을 접한 어느 날, 난 신임 법인장에게 그를 추천하며 미루어 두었던 PI 작업을 하자고 제안했다. 그리고 마침내 그는 유럽으로 오게 되었다.

그와의 새로운 만남을 기뻐할 겨를도 없이 얼마 후 난 영국으로 떠났다. 영국에 있는 두 개 법인의 경영자로 부임하여 턴어라운드를 진행하기 위해서였다. 그렇게 우리는 몇 년 만에 함께 일할 기회를 얻었음에도 다시 떨어져 함께 일할 수밖에 없는 상황이 되었다.

그리고 또 3년의 시간이 흘러 난 유럽 법인장으로 발령을 받아 이탈리아와 영국에 있는 모든 법인의 경영을 이끌게 되었다. 그를 처음 만났던 때로부터 7년 만에 함께 일할 수 있는 기회를 얻게 되었다. 난 그의 강점을 알고 있었고, 그가 회사 안에서 걸어온 이력도 알고 있었다. 그래서 그가 어떤 역할로 기여할지에 대한 대략의 그림이 머릿속에 이미 있었다.

영국에서 이탈리아로 복귀하면서 유럽 내에서 가장 큰 매출액을 가지고 있는 법인의 회생에 집중하기로 했다. 한 기업의 매출 비중이 유럽 사업 전체 매출에서 차지하는 비중이 자그마치 70퍼센트가 넘기에 그곳을 속히 살리는 것에 사활을 걸어야만 했다. 그 기업의 경영에 직접 뛰어들기로 하고 세 사람의 새로운 얼굴을 발탁했다. B 과장은 그중 하나였다. 영업을 전체적으로 책임질 커머셜 디렉터Commercial Director(상무이사), 사람 관리를 책임질 HR 매니저, 그리고 자유롭게 역할을 바꿔가면서 당면한 긴급 과제를 해결하도록 도울 사람인 B 과장. 이렇게 세 사람이 나의 새로운 비밀 무기였다. 디자인과 생산은 기존의 매니저에게 그대로 책임을 맡겼다.

조직도를 새로 그리며 B 과장의 역할에 대해 깊이 생각했다. 그리고 그에게 단기간이라도 라인을 경험하게 한 후 CFO 포지션으로 이동시키겠다는 그림을 그렸다. 그래서 그의 첫 번째 과

나도 나를 믿지 못했다

업으로 온라인스토어를 책임지도록 했다. 그는 6개월간 모르는 분야의 일을 스스로 학습해 가면서 감당했고, 제법 온라인 매출 성장을 크게 이끌었다. 그의 특유의 파고드는 강점이 또 한 번 십분 발휘되었다. 그러다 예기치 않게 생산책임자가 그만두는 일이 발생했다.

생산부서는 감추어진 영역이었다. 모기업이 이 기업을 인수한 이후 많은 영역에서 업무를 파악하기 위해 노력해 왔지만, 그중 단 하나 깊이 들여다보거나 건드리지 못한 부문이 있었는데 바로 생산이었다. 즉 일종의 불가침 영역으로 남아 있던 곳이 바로 생산부서였다. 난 긴급하게 B 과장을 생산책임자로 투입했다. 그는 생산에 문외한이었지만 PI 전문가였다. PI 관점에서 생산을 개혁할 것이라고 기대했다. 그리고 그는 투명한 사람이기에 생산부서에 스며 있는 비정상적인 오래된 관행이 있다면 잡아낼 수도 있으리라 기대했다. 그는 아무런 이의 없이 내가 이끄는 대로 그 과업을 맡았다. 그리고 내 기대대로 오랫동안 드러나지 않았던 크고 작은 비리를 파헤쳤고, 프로세스를 더 투명하게 바꾸는 일을 빠른 속도로 진행했다. 그를 통해 오랜 관행에 젖은 기존의 인력을 일부 정리하고 젊고 유능한 직원들을 등용할 수 있었다. 그는 온라인스토어의 책임자로 6개월 동안 일한 후 새로운 매니저에게 이관했고, 생산책임자의 역할도 9개월 만에 새로운 책임자에게 이관하고 다른 역할로 이동했다.

내가 처음 그의 최종 역할을 CFO로 생각했듯이 그는 이전의 두 가지 역할을 거쳐 CFO로 임명을 받았다. 이력을 보면 그는 직장생활의 시작을 회계부서에서 했다. 그리고 ERP(전사적 자원관리) 개발에 매력을 느껴 IT 부서로 이동하여 ERP 프로젝트를 진행했다. 그의 이런 이력을 알고 있었기에 재무지식과 PI 경험을 가진 그가 CFO로서 잘할 것이라고 생각했다. 물론 오랫동안 떨어져 있었기에 실무지식이 부족할 수밖에 없었지만, 그것은 얼마든지 따라잡을 방법이 있음을 알았다.

주변에서 내가 그를 다룬 방식을 두고 이해할 수 없는 충동적인 용병술로 생각하는 사람들도 있었다. 그들은 하나같이 내 조치를 뜬금없는 것이라며 깎아내렸다. 그런 사람들은 내 대답을 성의 있게 듣지도 않았다. 그럼에도 다시 한번 더 대답해 준다면 다음과 같다.

나도 나를 믿지 못했다

- 6년 전에 만나 몇 달간 함께 일했던 그를 기억했고, 그 후 6년간 마음에서 지우지 않았다. 인재는 쉽게 만날 수 없는 행운과 같은 것이기에 언젠가 기회가 된다면 그를 등용하고 싶었다.
- 그렇기에 그와의 연락을 유지하며 지냈다. 그도 내게 연락하며 조언을 구하는 경우가 있었지만, 나도 부지런히 그를 챙기며 지냈다. 비록 멀리 떨어져 지냈지만 그와 자주 연락하며 지냈다.
- 그를 처음 본 후 3년을 기다린 끝에 기회가 왔을 때 그를 천거했다. 그가 기여할 영역이 분명 있을 것이라고 믿었고, 그 기회가 왔을 때 그를 그 자리에 앉혔다.
- 그럼에도 나와 일할 기회는 오지 않았다. 다시 3년이라는 시간이 흐르고 난 후, 난 그와 함께 일할 기회를 얻었다. 이미 내 마음에는 그의 성장에 대한 청사진이 있었다. 그리고 순서대로 그를 계획에 따라 성장시켰다. 그는 재무 ⇨ IT ⇨ 영업 ⇨ 생산 ⇨ 재무 순으로 기업의 주요한 기능들을 익히며 자신을 발전시켜 갔다.

내가 그의 발전을 위해 한 것이 있다면 많은 의사소통을 한 점이다. 시장의 동향, 턴어라운드 전략, 서플라이 체인 전략, 현금 중심 경영 전략, 사람에 대한 안목, 의사결정의 이유 등 유럽 법인장으로 이동한 후 2년간 나는 그에게 개인교습을 했다. 내 고민의 정체와 그 고민을 해결해 가는 과정에서의 어려움, 의사결정의 근거와 이유, 그리고 결과를 다루는 모습까지 그는 가장 가까운 곳에서 나를 보고 배웠다. 그렇게 2년이라는 시간이 지나고 그는 드디어 한 기업의 경영자로 세워졌다. 그것도 나의 천거가 중요하게 작용했다.

그와 알고 지낸 8년이 넘는 시간을 통해 난 '리더란 무엇인가'에 대해 커다란 힌트를 얻었다. 리더란 결국 사람을 택하는 존재다. 택한 사람에게서 눈을 떼지 않는 존재다. 사람에 대해 집착하는 존재다. 그의 성장을 갈망하는 존재다. 그의 성장이 나의 성장임을 아는 존재다. 기회를 찾고 그 기회를 만날 때마다 그에게 기회를 연결해 주는 존재다. 그를 육성하기 위해 고민하고 그의 길을 함께 찾아보는 존재다. 그리고 그가 홀로 설 때를 기대하며 같은 마음으로 준비되도록 돕는 존재다.

내가 그의 재능이나 능력을 당장 나의 필요를 위해 활용하는 것에서 그쳤다면 경영진의 관심권에서 멀어져 있던 그가 CEO 자리에 오를 수 있었을까? 그렇지 않았을 것 같다. 난 그의 강점을 보았고, 그를 리더로 세우고 싶었고, 그런 기회를 찾았고, 그가 그 자리에 설 수 있도록 필요한 역량을 쌓을 수 있는 기회를 적극적으로 만들어 제공했다. 물론 그가 날 전적으로 믿고 따라

오지 않았다면 이 모든 노력은 허사였을 것이다. 둘의 합이 철저히 맞아야 가능한 것이고, 그렇기에 하늘이 내리는 운명적 만남과 동행의 결과라고 말할 수밖에 없는 것이다. 그와 내가 만난 것은 운명이었고, 우리는 그것을 서로 존중했던 것이다.

8년의 시간 동안 우린 서로가 서로에게 끌렸고 집착했다. 리더는 좋은 팔로어에게 집착하는 사람임을 난 그를 통해 알게 되었다. 그가 리더로 우뚝 선 것을 진심으로 축하한다.

주니어 디자이너를
헤드로 만들기까지의 3년

유명 브랜드 출신의 헤드 디자이너를 보내며 남아 있는 또 한 명의 디자이너를 어떻게 할지 생각하고 있던 차였다. 그녀는 스물여섯 살의 주니어 디자이너였고 그마저도 계약직이었다. 회사의 상황이 그다지 좋지 않아 디자이너 한 명을 더 쓸 여유도 없었고, 헤드 혼자서 모든 작업을 하기엔 무리가 있다는 생각에 계약직으로 주니어 한 명을 고용했던 것 같다. 그녀의 역할은 헤드 디자이너가 디자인 시안을 쓱쓱 그려주면 그것들을 컴퓨터로 작업해서 작업 지시서를 만드는 것이었다. 사실상 자신의 디자인 없이 허드렛일을 하고 있었다. 처음엔 그녀도 함께 내보내려 했다. 남성복 브랜드에 여성 디자이

나도 나를 믿지 못했다

너라는 점이 썩 내키지 않았고, 경력도 아직은 미천하게 느껴졌기 때문이다. 그럼에도 어떤 사람인지 궁금했다.

출근 첫날 직원들과 인사를 나누고 가장 먼저 주니어 디자이너와 미팅을 진행했다. 그녀의 이력과 개인 포트폴리오를 검토했다. 두 개의 괜찮은 브랜드에서 인턴과 계약직으로 일했고, 그때 만든 제품들에 대한 내용이었다. 그냥 평범했다. 오히려 대학 때 만든 포트폴리오가 흥미로웠다. 여성이지만 남성적인 느낌의 포트폴리오였고 새로운 발상이 돋보였다. 본인의 뜻을 물어보니 그냥 계속 일하고 싶다고 했다. 그래서 그녀의 남은 계약기간 6개월을 지켜 주기로 약속했다.

6개월간 그녀의 역할을 단순 반복 작업에서 변경시켰다. 다음 시즌 디자인 콘셉트를 잡기 위해 시장조사를 시켰고, 룩북에 대한 콘셉트를 정리시켰고, 주요 매장(고객사)을 방문해 숍매니저 인터뷰 진행 및 기록을 정리하게 했고, 거래하고 있던 세 곳의 외주 공장에 매주 가보게 했다. 공장 방문의 목적은 새롭게 사용되고 있는 소재가 무엇인지, 색상은 어떤 것이 인기 있는지, 스타일과 핏은 어떤지 등 다른 브랜드들의 생산 상황을 살펴보게 하는 것이었다. 다음 단계는 우리 창고를 조사하는 것이었다. 창고에 보관된 기존 원단 재고를 리스트로만 보는 것이 아니라 현장에서 하나하나 살펴보고 확인해 새 시즌에 사용할 수 있는 것들을 골라내는 작업을 했다.

그렇게 6개월 동안 주니어 디자이너 손에서 작은 레인지이지만 새 시즌 무드 보드가 나왔고, 룩북 콘셉트가 나왔고, 디자인 시안이 나왔고, 소재 계획이 나왔다. 살림살이가 어려웠기에 외부 디자인 스튜디오 도움 없이 주니어 디자이너를 데리고 모든 작업을 진행했다. 룩북 사진 촬영도 모델 없이 제품만 보여 주는 식으로 자체적으로 만들었고 인쇄만 외부에 의뢰했다.

이 전 과정을 스물여섯 살짜리 주니어가 불평 없이 다 하는 모습을 보고 정식직원으로 고용계약을 했다. 물론 급여도 계약직일 때보다 37퍼센트 인상해 주었다(계약직 때 워낙 낮아서).

그녀는 후에 부서 책임자가 되었고, 그녀의 손을 거쳐 많은 신상품과 콜라보 제품들이 시장에 나왔다. 계약직 직원이 6개월 후 정직원으로 전환되었고, 이후 부서장으로 승진하기까지 총 3년이 걸렸다. 같은 기간에 급여는 정확히 두 배가 되었다.

그녀를 육성하기 위해 영국 내 지역적 특색을 지닌 소재 조사와 발굴, 스코틀랜드 전통 타탄 연구 및 협업, 아일랜드 리넨 탐구 및 사용, 일본 데님 공장 방문 및 데님 라인 개발, 중국과 한국 등 아시아 시장조사 및 아시아 라인 개발, 영국 내 임가공 공장들 조사 평가, 주요 고객 정기적 방문과 인터뷰 등을 하게 했다. 불과 3년 사이에 허드렛일을 하던 계약직 직원이 셀프릿지백화점의 남성복 라인 구매책임자와 마주 앉아 미팅을 하고, 일본의 급부상 중인 브랜드인 사카이SACAI 디자인 책임자와 협업을 하고, 비비안웨스트우드 디자인 부서와 교류하는 사람으로 발전했다.

그녀의 최종적인 꿈은 유럽 무대에 자신의 브랜드를 세우는 것이었는데 2016년 여름부터 3~4년간의 경험이 그 목표에 부쩍 다가서게 해준 것이 분명했다.

돌이켜 보면 내가 잘 모르는 디자인 분야였기에 더 조심스러울 수밖에 없었지만, 무턱대고 맡기지 않으려 했다. 그렇다고 너무 주저하지도 않았다. 직원의 가능성을 보았고, 작은 기회를 주었다. 태도와 능력을 보았고, 발전하는 모습에 따라 조금 더 큰 기회를 주었다. 그리고 그에 따른 무거운 책임감을 요구했다. 그렇게 초보 CEO와 초보 디자인책임자의 상호 발전이 이루어졌다. 언젠가 그녀가 만든 브랜드의 옷을 입어볼 수 있는 날이 올 것을 생각하면 흐뭇해진다.

가장 아픈 거절에도 손을 내밀어 준 리더

    내가 그를 처음 만난 곳은 인왕산이 내려다보이는 서울 강북의 핵심 요지인 광화문이었다. 그는 국내 굴지의 기업에서 스카우트된 인재로서 그를 데려오기 위해 회사는 그가 다녔던 기업에 적지 않은 위약금을 지불했다는 이야기가 있을 정도로 기대되는 인재였다. 그렇기에 그가 오기 전부터도 회사 안에는 그에 관한 소문이 돌았다.

    그는 나와 동갑이었다. 아담한 키에 얌전하고 곱상한 미소년 같은 외모와는 달리 저돌적인 면과 일에 빠져 사는 일벌레로서의 내면을 소유한 사람이었다.

    정작 회사를 함께 다니던 시절에는 그와 친밀함을 쌓을 기회가 거의 없었다. 오히려 그에 관한 특이한 에피소드만을 부분적으로 들었다. 이를테면 이런 것들이었다.

나와 업무상 자주 연결되던 한 여직원이 늦은 시간까지 야근을 하고 퇴근하려고 할 때 마침 퇴근하던 그와 마주쳤고, 집 방향이 비슷해서 카풀을 하게 되었다고 한다. 차를 타서 출발하자마자 그는 전화를 받았고, 집에 가는 30분이라는 시간 동안 옆에 있던 그 여직원은 아랑곳하지 않고 업무상 통화를 계속했다고 한다. 결국 차 안에서 서로 한마디도 나눌 기회가 없었고, 그녀는 내리면서 "태워 주셔서 고마워요"라는 한마디만 남기고 헤어졌다고 한다. 그리고 "그분 정말 정말 일벌레가 맞는 것 같아요"라는 말로 마무리했다.

난 이상하게도 그와 동선이 겹치지 않아서 거의 마주치지 못했지만 그래도 몇 번 기억나는 마주침이 있다. 그는 출장을 참 많이 다니던 사람이어서 이런저런 영업상 비용을 다양하게 지출했다. 그러다 보니 경비 정산을 위한 영수증철을 규격에 맞게 정리해서 비용 정산서를 제때 내지 못하는 경우가 빈번했다. 그러다 보니 뒤늦게 들고 오는 정산서는 정확하지 않은 경우가 종종 있었다. 그의 정산서를 꼼꼼히 살펴보고 잘못 신청한 금액을 바로잡아서 부족하게 받게 될 것을 사전에 막아 주는 조치를 몇 번 해 주었고, 그때마다 그는 감사의 표시로 커피 한잔을 가져왔다. 그때 이외엔 그와 업무상 겹치는 부분은 그리 없었다.

그렇게 시간이 지나 그는 회사를 나가 다른 기업의 한국 지사장이 되었고, 나는 그사이 다른 기업으로 이직했다가 다시 그 회사로 복귀하면서 CFO로 일하고 있었다. 그런데 당시 인사책임자였던 분이 갑작스럽게 전화를 해서 그가 나를 찾는다고 했다. 그가 한국 법인 사장으로 있는 외국계 기업에서 CFO를 찾고 있는데 나를 적임자로 고려하고 있다고 했다.

함께 근무했던 회사에서 서로 마주 보며 10분 이상 대화를 나눈 적이 없는 사람들이 몇 년의 시간이 흐른 어느 날 인터뷰어와 인터뷰이로 만나 오래 대화를 나누게 되었다. 이런 것이 인연이 아니면 무엇이 인연일까? 나도 그가 마음에 들었고, 그도 나를 마음에 들어 했다. 왜 나를 CFO 후보로 생각했느냐는 질문에 재무책임자는 전적으로 신뢰할 수 있는 사람이어야 한다고 생각했고, 그래서 내가 생각났다고 했다. 우리는 단 한 번의 만남으로 서로에게 끌렸고 함께 일하기로 했다.

내 사정상 현 직장에서 바로 빠지는 것은 회사의 살림을 관리하는 CFO직을 맡고 있는 사람으로서 무리가 있기에 후임을 찾고 인수인계를 할 수 있도록 세 달 정도의 여유시간을 요청했고, 그는 흔쾌히 그러겠다고 했다. 다만, 이동 전이기는 하지만 다음 해 예산 준비를 시작해야 하는 시기이므로 오기 전이지만 다음 해의 예산 수립 절차와 필요한 준비를 해 줄 수 있겠느냐고 요청했고, 나도 그렇게 하겠다고 답했다.

그때부터 난 일주일에 이틀 정도는 퇴근 이후에 그의 회사로 가서 회계부서 직원과 함께 그룹에서 내려온 예산 수립 규정을 숙독하고 그에 맞추되 한국 상황을 고려한 절차와 전산 양식 등을 새로 만들었다. 그리고 직원교육을 위한 PT 자료와 일정 등을 정리하는 작업을 진두지휘했다. 물론 그 일을 진행하면서 들었던 야근 식대와 교통비를 제외한 경제적인 보상은 받지 않았다. 그곳은 얼마 후 내가 가서 일할 곳이고, 이 모든 작업은 어차피 내 손으로 해야만 할 것이기에 미리 초안을 준비해 둔다는 마음이었다. 그렇게 그와 나는 같은 직장에서 다시 일하게 되었다. 다만, 이전과 같은 타 부서의 동료가 아닌 상사와 부하라는 관계로 새롭게 시작된 것이다.

우리는 8년이라는 시간을 한 직장에서 상사와 부하로 함께했다. 그는 내게 좋은 상사였고, 나는 그가 안주하지 못하도록 자극하는 가까운 참모였다. 나의 발전만이 아니라 최고의 자리에 있는 그를 위해서라도 난 일과 더불어 독서 등 자기계발을 멈추지 않았다. 그리고 매달 그가 꼭 읽고 참조해야 할 책을 선정해 그의 책상에 올려두었다. 바쁜 와중에도 그가 매월 한 권의 경영서적을 읽도록 자극하는 것도 내 일 중 하나였다.

출장이 잦았던 그를 대신해 직원들을 챙기며 현장에서 어려움이 무엇인지 파악하고 조치하는 일도 내 몫이었다. 내 공식적인 직함은 CFO였지만 자주 그를 대신해 회사의 전체 부문을 돌아보고 이끄는 역할을 하도록 그는 내게 전적인 신뢰를 보내며 필요한 권한을 위임해 주었다. 따지고 보면 그 덕에 나는 8년 동안 사장으로서의 준비를 차곡차곡 할 수 있었다.

나중에 내가 다른 기업이지만 사장의 자리에 올랐을 때 초보 사장이라고 믿기 어려울 정도로 능숙하게 맡겨진 역할을 감당할 수 있었던 것은 8년간 그와 일하며 나도 모르게 훈련된 경험이 큰 도움이 되었음은 부인할 수 없다.

물론 나도 그도 모두 약점을 가지고 있는 사람이었다. 서로 부딪히는 일도 있었고, 반대되는 의견으로 팽팽히 대립한 적도 있었다. 그럼에도 우리가 오랜 시간을 함께할 수 있었던 것은 서로에 대한 존중의 마음을 끝까지 유지했기 때문이라고 생각한다.

8년이라는 세월이 흐르면서 회사의 상황도 많이 달라졌고 그의 리더십 스타일도 변했다. 물론 나도 변했다. 달라진 상황에서 더 이상 함께 가기보다는 각자의 길을 가는 것이 좋겠다는 생각이 들어 사직서를 제출했을 때 그는 날 책망하며 걱정했다. 그리고 그것이 통하지 않자 파격적인 보상을 제안하며 만류했다. 그 점은 그때나 지금이나 정말 고맙게 생각한다. 하지만 난 그의 모든 제안을 거절했다. 분명 모든 여건이 서로 헤어질 때가 된 것을 말하고 있었고, 관계가 좋을 때 정리하는 것이 서로를 위해 현명한 선택이라는 생각으로 물러서지 않았다.

자신이 가장 신뢰했던 최측근이 떠나겠다고 결별을 통보했을 때의 마음을 모르는 바는 아니지만 난 떠나기로 결정했고, 그는 사력을 다해 잡으려 했다. 가장 믿는 사람 중 한 명에게 거절당한 그의 마음이 얼마나 아팠을지 그때는 다 알지 못했지만, 이제는 어느 정도 이해가 된다. 그는 분명 큰 상처를 입었을 것이다.

그럼에도 그는 떠나는 나를 챙겼다. 떠난 후에도 여전히 연락을 하며 챙겼다. 명절마다 집으로 선물을 보냈고, 내가 시작한 식당에 몇 번이나 찾아왔다. 내가 유럽으로 떠난 이후에는 한국에 남아 있던 아들에게 명절 선물을 보내 주기도 했다. 나도 귀국할 때는 그에게 선물을 가져와 전달했다. 1년에 한두 번 이상은 서로 만나 식사를 했고, 많은 대화를 나누었다. 내가 새로운 곳에서 승진할 때마다 자신의 일처럼 진심 어린 축하를 보내 주었고, 도움이 필요할 때는 도움을 주고자 애를 써 주었다.

그의 주도적이고 변치 않는 노력이 없었다면 그와의 관계는 이어지지 못했을지도 모른다. 그는 나의 리더였고, 우리가 헤어진 후에도 여전히 우리 관계의 끈을 이어 주고 있는 리더였다. 그렇기에 이제는 함께 나이 들어가는 동년배 친구이지만, 그를 여전히 나의 리더라고 생각한다.

그를 보며 "내가 한번 믿은 팔로어라면 손을 거두지 말고 끝까지 손을 내미는 리더가 되자"라는 마음을 먹는다. 그가 내 인생에 나타나 8년간이나 직장에서 리더로 손 내밀어 주고 이끌어 준 것이 내게 얼마나 커다란 축복이며, 말도 안 되는 행운인지 잊지 않고 있다. 더불어 이제 인생을 함께 걷는 친구로서 우리의 우정이 오래가길 진심으로 바란다.

나도 나를 믿지 못했다

진정성을 보고 남아 준 사람

"상무님, 저 오늘 저녁에 맥주 한잔 사 주시면 안 될까요?"

IT 매니저인 X 과장이 모처럼 이런 요청을 해 왔다. 당연히 기쁘고 즐거운 마음으로 흔쾌히 그러자고 했다. 하지만 그날 그의 표정은 사뭇 어두웠고 행동은 약간 긴장감이 느껴졌다. 맥주를 마시는 동안 그의 망설이는 말투에서 직감했다.

"사실은 제가 다른 두 곳에서 이직 제안을 받았습니다. 급여는 지금보다 훨씬 높습니다. 그래서 아내와 상의하고 있고 저도 진지하게 생각 중입니다."

이직하기로 결정을 내렸는지 물어보니 아직은 아니라고 답했다. 내가 그를 채용하는 데 들인 공은 상당했다. 우리 회사는 IT 기업이었고 회사에서 IT 매니저가 차지하는 중요성이 컸기 때문에 능력이 증명된 인재가 꼭 필요했다. 나도 모르게 긴장되었다. 하지만 난 최대한 편안한 표정과 말투로 혹시 손끝이라도 떨까 봐 조심하면서 그의 말을 주의 깊게 경청했다.

"지금 제 일과 회사 분위기, 그리고 동료들이 너무 좋아서 급여가 조금만 차이 난다면 굳이 이동할 생각을 안 할 텐데 차이가 좀 많이 납니다. 그래서 솔직히 고민되어서 상무님께 말씀드리는 것이 낫겠다고 생각했습니다."

난 사실대로 말해 주어 고맙다고 말하며 넌지시 얼마나 차이가 나는지 물어봤다. 그는 50퍼센트 이상 더 높다고 했다. 50퍼센트라면 내가 무슨 수를 써도 맞출 수 없는 금액이었다. 그때부터 나는 머리를 굴리는 것을 포기했다. 그냥 그의 말을 경청하고, 그의 마음을 이해하고, 내가 해 줄 수 있는 최선이 무엇인지 진정성을 가지고 고민하기로 했다.

그런데 문득 '50퍼센트나 더 높은 급여를 주겠다는 곳이 있는데 왜 그는 망설일까'라는 의문이 들었다. 그래서 그 생각을 그대로 질문했다.

나도 나를 믿지 못했다

"그 금액이면 상당히 매력적인데 무엇 때문에 이직을 망설이고 고민하나요?"

그는 잠시 생각하더니 대답했다.

"이 회사가 좋습니다. 분위기가 가족적이고 사람들이 좋고 업무적으로도 배우는 것이 있습니다. 새로운 곳은 급여는 높지만 분위기가 좀 안 좋다는 이야기가 있어서 망설여집니다."

"그럼 내가 어떻게 도와주면 될까요?"

"제 급여를 인상해 주실 수 있을지 문의드리고 싶습니다."

난 그의 마음을 전적으로 이해할 수 있었다. 나 같아도 그런 제안을 받는다면 고민되고 회사에 더 높은 급여를 요청해 볼 수 있을 것 같았다. 아니, 어쩌면 그는 나보다 더 성숙한 사람일지도 모른다. 사실 나와 더 가까운 모습은 말없이 조용히 새로운 곳과 계약하고 이직을 실행할 가능성이 크기 때문이다. 그렇기에 난 그의 이런 배려가 고마웠다. 그럼에도 난 그가 스스로 결단하지 않는다면 이런 일이 반복될 것이라고 직감했다.

"그 마음은 충분히 이해합니다. 하지만 지금 당장 급여를 인상하는 것은 어렵습니다. 내가 약속할 수 있는 것은 두 가지입니다. 첫 번째는 정기 급여 조정 시기에 내가 할 수 있는 최선의 안을 주도록 하겠습니다. 두 번째는 X 과장이 해 보고 싶었던 클라우드 기반으로 전환하는 프로젝트를 하도록 승인하고 예산을 투입해 그 일을 경험할 수 있는 기회를 드리겠습니다. 혹시 업무상 다른 새로운 시도를 하고 싶은 것이 있다면 말해 주세요. 회사에 도움이 되는 한 적극적으로 검토하겠습니다. 당장 급여는 못 올려 주지만 내가 할 수 있는 급여 인상에 대한 약속과 업무상 해 보고 싶었던 것을 할 기회를 주겠다는 것이 내가 지금 약속할 수 있는 것입니다. 집에 가서 생각해 보시고 아내와도 의논해 보시고 결과를 알려 주길 바랍니다."

나는 최대한 차분히 대답하려고 노력했다. 하지만 그를 놓치고 싶지 않은 간절한 욕망이 나를 강하게 누르고 있었다.

"개인적으로 욕심일 수도 있지만, 난 X 과장을 놓치고 싶지 않습니다. 함께 오래 일하고 싶어요. 잘 생각해 보되 가능하다면 남는 것으로 결정해 주길 진심으로 바랍니다."

내 마음이 제대로 전달됐는지 그때는 자신이 없었다. 그와 헤어져 집으로 돌아오면서, 그 밤에 난 그가 회사에 남는 선택을 하기를 간절히 바라고 있었다.

그리고 며칠 뒤 그는 남겠다는 결정을 전달해 왔다. 그와 식

나도 나를 믿지 못했다

사를 하며 난 감사의 뜻을 전했다. 그는 좋은 사람들과 함께하는 이 행복을 돈과 바꾸지 않기로 했다. 그는 나와 함께 짧지 않은 시간 동안 일을 했다. 하지만 정작 내가 그를 잡아 놓고는, 오히려 먼저 회사를 떠나고 말았다. 그리고 내가 떠난 얼마 후 그는 다른 직장으로 이직했다.

유럽에서 지내는 동안 그와 연락은 끊임없이 유지했다. 어느 날 그가 내게 메시지를 보내왔다.

"상무님, 저 회사에서 상 받았어요. 칭찬해 주세요^^"라는 문자와 함께 이달의 최우수 영업인이라는 상장을 찍어 사진으로 보내왔다. 너무 기뻤고 자랑스러웠다. 진심을 담아 축하해 주었다. 그리고 그와 멋진 부인, 듬직한 아들의 안부를 차례대로 물었다.

얼마 전 내가 유럽에서 한국으로 귀국한다는 것을 알고 그는 다른 후배들과 함께 환영 모임을 열어 주었다. 만약 그때 그가 떠났다면, 만약 내가 그때 그를 그냥 보냈다면, 시간을 되돌려 그가 조금이라도 더 부정적이었거나 공격적이었다면, 내가 조금이라도 더 그에 대해 서운함과 괘씸함을 내세워 좁은 마음으로 갈 테면 가라는 태도를 보였다면 우리는 어쩌면 헤어졌을지도 모른다.

그를 통해 난 배울 수 있었다. 리더는 스스로 잘나서 사람을 얻는 것이 아님을…. 그날 내가 50퍼센트라는 급여의 큰 차이로 인해 머리 쓰기를 포기하고 마음으로 다가간 것이 오늘의 그와 나의 관계를 만든 것이다. 그는 나에게 "진정성을 간직하는 리더가 돼라"는 깨달음을 준 고마운 후배이다.

포기할 수 없었기에 이어진 인연

◯

                  한국에서 CFO로 제법 오래 일했다. 처음 그 트랙으로 경력을 쌓기로 한 후 한 우물만 팠다. 덕분에 일했던 분야에서 요구하는 경험과 지식의 수준을 맞추었고, 함께 일했던 팀원들도 대부분 해당 분야에서 화려한 경력을 갖고 있는 경우가 일반적이었다. 하지만 한 기업에 합류할 때에는 사정이 좀 달랐다.

일종의 스타트업과 상당히 유사한 경우였다. 다만, 제품이 세계적으로 이미 검증되어 많은 고객이 사용하고 있었다는 점에서 일반적인 스타트업보다는 월등히 유리한 위치에서 초기부터 고성장을 누리고 있었다.

그렇기에 당연히 회사는 성장에 집중해서 단기 고성장을 추진하고 있었지만, 성장을 지원할 후방 지원 조직은 한 명의 여직원이 모든 역할을 다 하고 있었다. 그 직원은 영업 지원과 회계를 조금씩 맛본 정도의 경력을 가진 사람으로 이곳에서는 회계, 인사, 총무, 비서 등의 역할을 혼자서 두루 다 하고 있었다. 그러는 사이 어느새 직원 수는 40명이나 되는 조직으로 성장했다(그 후로도 3년간 매년 두 배씩 꾸준히 성장했다).

그 상황에서 내가 CFO로 합류하게 되었다. 지원팀을 꾸리는 거야 그리 어려운 일은 아니었다. 합류와 동시에 기업의 빠른 성장을 지원할 수 있는 팀을 구축하는 일을 신속히 진행했고, 아주 심플하면서 사용이 쉽고 편리한 내부 관리 시스템도 만들었다. 팀을 구축하고 보니 혼자 고군분투했던 여직원이 자신의 전문 분야를 찾아야 하는 상황이 되었고, 본인의 희망대로 회계 분야에 주력하기로 결론이 났다.

하지만 회계는 전문적인 분야여서 초보 수준으로는 감당하기 어려웠다. 더구나 그 직원이 부서 책임자로서 역할을 감당해야 하는데 경력으로나 능력으로나 약간의 아쉬움이 있는 상황이었다. 때문에 나로선 조금 고민되었다.

나도 나를 믿지 못했다

그럼에도 그녀가 갖고 있는 강점이 내가 추구하던 지원부서의 방향과 너무나 잘 어울리고 적합했다. 그것은 직원들이 고객에게만 몰두할 수 있도록 돕는 지원부서, 실력도 실력이지만 마인드가 더 강조되는 지원부서를 만드는 것이었다. 그녀는 딱 거기에 부합하는 인재였다. 심성이 너무 곱고 직원들을 진심으로 대하는 진정성이 최고인 보기 드문 사람이었다. 그래서 직무 경험과 스킬은 아쉽지만 그대로 가기로 했다.

그때부터 그 직원을 육성하기 위한 작업에 돌입했다. 처음으로 한 사람만을 위한 장기 교육을 한 것이다. 1년 정도 일대일로 기초회계부터 다시 짚어 주고 중급회계와 세무교육까지 매주 수요일 아침 8~10시까지 2시간 동안 그녀와 공부하는 시간을 가졌다. 외부 교육에 보낼 수도 있었지만 시간을 내는 것도, 오랜 시간 유지하는 것도 너무 어려운 것이 현실이다. 단기적으로 반짝하는 교육이 아니라 진짜 실력에 도움이 될 수 있는 육성 과정이 필요했기에 내부적으로 내가 직접 하는 것이 낫다고 판단했다. 상사가 직접 붙들고 교육을 하니 안 할 수도 없고, 시간 내기도 상대적으로 수월하다는 이유로 중단 없이 1년간 공부를 지속할 수 있었다.

그녀는 몇 년 뒤 몸이 안 좋아 퇴직하기 전까지 제 몫을 잘하다가 떠났다. 하지만 그 후로도 회사에 좋은 일이 있을 때마다 찾아와서 꽃다발도 주고 축하해 주는 관계로 남았다.

한 사람을 위한 1년간의 교육은 나에게도 고되고 힘든 일이었다. '왜 내가 이렇게까지 해야 하나?'라는 생각도 들곤 했다. 그래도 그 덕에 지원부서 전체가 학습하는 문화와 내부에서 서로 돕는 문화로 잘 만들어져서 보존되어 오래도록 유지하는 동력이 되었다.

이 글의 제목을 보고 지금까지 읽은 분이라면 '어라, 이 글과 제목이 무슨 상관이 있다는 거지?'라는 생각이 들 수도 있을 것이다. 지금부터 그 이야기를 하려 한다. 세상일이란 알 수 없기에 요즘 기업들도 이런 말을 자주 하고는 한다.

"직원들에게 잘하셔야 합니다. 직원이자 결국 고객이기도 합니다. 직원에게 함부로 하면 고객을 잃는 것과 같습니다."

이 말은 정말 백 퍼센트 맞는 말이다. 내가 그 증인이다. 나는 식당을 차려서 1년간 운영한 경험이 있다. 그때 내가 오픈한 식당이 있는 곳에서 그녀의 집이 가까웠다. 알고 잡은 것은 아니지만 가 보니 그녀가 그 주변으로 이사온 것이었다. 함께 일할 당시에 그녀의 남편이 회사로 그녀를 데리러 왔기에 가끔 마주치며 인사를 나눴는데, 내가 가까운 곳에 식당을 오픈했다는 소식을 들은 부부가 아이를 데리고 자주 왔다. 그러다 하루는 토요일 이른 점심시간에 조기축구 회원들을 잔뜩 데리고 식사를 하러 왔다. 한두 번이 아니라 꽤 자주 와서 매출에 지대한 기여를 해 주었다. 그녀는 내 부하직원이었지만 훗날 내 고객이 되었고, 그 가족은 내 VIP 고객이 되어 준 것이니, 그 말은 사실이 맞다. 그래서 난 저 말을 믿을 뿐 아니라 적극적으로 직원들에게 잘하라고, 그들이 결국 고객이라고 주장하며 다닌다.

"직원들에게 잘하셔야 한다니까, 안 그러면 언젠가 후회할지도 몰라요."

다섯 명의 CEO와 다섯 명의 CFO

　　　　　　이 책을 쓰면서 내가 그동안 육성한 CEO와 CFO의 수를 세어 봤다. 그리고 내가 각각 다섯 명씩 도합 열 명을 육성했다는 것을 알게 되었다. 어떤 분들에게는 아무것도 아닌 숫자일지도 모르겠지만 내게는 나 스스로도 놀랄 정도로 큰 숫자이다. 팀장을 육성한 것이 아니라 임원급의 CEO와 CFO를 육성한 숫자이다.

　"나만의 인재 육성법이 있는가? 나의 육성법은 무엇인가?" 우스울 수도 있지만 그건 바로 내 자리를 물려주는 것이다.

　열 명의 리더들은 대부분 그렇게 만들어졌다. 마치 내 자리를 물려주고 싶어서 안달이 난 사람처럼 그렇게 키웠다. 그 이야기를 짧게 해볼까? 내가 어떤 이야기를 하면 "그게 다야?"라고 어이없어하는 분들이 간혹 있다. "그러지 마세요. 콜롬버스의 달걀처럼 쉬운 일이 아닙니다."

사람을 관찰하며 이런저런 과제를 주고 주변 평판도 수집하고 자주 만나 의사소통해 보고 업무 결과도 냉정히 평가하고 피드백해 보면 누가 리더 재목인지 보인다. 리더 후보들을 모아서 그들과 주기적으로 시간을 갖는다. 그리고 예언한다.

"이 중에 3년 내에 리더가 나올 겁니다."

주기적으로 만나고 내 생각을 나누고 전략을 공유하고 실행과 결과를 평가하는 작업에 참여시킨다. 내 경험으로는 3년이면 웬만한 사람은 어느 정도 준비가 된다.

문제는 늘 나였다. 내가 갈 곳을 찾아야 하고, 새롭게 도전할 일을 찾아야 했다. 내 자리를 비워 주어야 한다. 이게 병일 수도 있다. 무언가를 맡으면 떠날 생각부터 하는 것 말이다. 하지만 그랬기에 사람은 늘 키우고 다녔다. 한 기업에서는 기획자를 내 후임 CFO로 준비시키고 세우고 나와서 내 사업을 했다. 몇 개의 기업에서는 CEO 자리를 물려준 후 뒤로 빠져서 의장으로 남기도 했고, 경우에 따라서는 그 기업을 떠나기도 했다. 스스로 예정일을 정해 두고 후임이 확실한 사람이 정해지면 그 일정을 그에게 말해 주며 같이 준비해 가는 일을 반복했다. 왜 리더 자리를 꿰찼으면서도 그 자리를 주려고 그러는지 솔직히 나 자신도 이유를 모르겠다. 짧게는 2~3년, 길게는 8년 정도의 기간을 잡고 이런 일을 반복해 온 것 같다. 덕분에 내가 세운 리더들이 꽤 많아졌고, 그것은 반대로 해석하면 그만큼 내게 변화가 많았다는 의미이기에 나로서는 고된 시간이었다.

이러니 내가 리더 육성하기에서는 한 자리 차지할 법도 하고 리더 육성회가 존재한다면 육성회 회장은 몰라도 총무쯤은 할 법도 하지 않을까? 작은 기업이나 중견기업이나 고성장 모드가 아니라면 자리가 그리 쉽게 나지 않는다. 그렇기에 수년 이상 사람을 키워도 그가 결정권 있는 포지션에 앉아 보기 위해서는 이직을 선택할 수밖에 없는 경우가 대부분이다. 그것은 현실적인 대안이다. 부하직원들은 어느 정도 시간이 지나서 상위 단계로 올라갈 준비가 되면 이직할 수 있고, 상사는 그들이 그런 선택을 할 경우 지지해 줄 마음을 가져야 한다.

거기에 난 한 가지 옵션을 더 추가했다. 왜 꼭 부하직원만 이직으로 새로운 기회를 얻어야만 하나? 상사인 나도 시도할 수 있지 않을까? 그가 자신을 위해 그렇게 하는 것처럼 나도 나를 위해 그렇게 한다. 그러다 보면 그에게도 좋은 기회가 오고, 경우에 따라서는 나에게도 의외로 좋은 기회가 오기도 한다.

조금 더 지켜보자고

생산책임자의 자리가 기업 내에서 차지하는 비중은 컸다. '그래서 이전 경영자가 그를 그 자리에 두었겠지. 그가 이 기업으로 올 때는 젊고 똑똑했고 커리어도 나름 잘 만들어 왔기에 차세대 사장감이 아닐까'라고 기대하는 마음도 있었다. 하지만 시간이 지날수록 경영자의 생각이나 주주를 대리했던 나의 생각 모두 그를 경영자로 고려하기에는 걸리는 부분들이 있었고, 그 약점은 생각보다 크게 다가왔다. 우리가 그에 대한 큰 기대에서 의문으로 생각의 방향을 바꾸게 된 데에는 그의 약점이 조직 전체를 아우르는 데 있어서 작지 않은 요소라고 느꼈기 때문이었다.

그는 최고위 임원 중 한 사람이었다. 팀 내에서만이 아니라 경영진 내에서도 존경받아야 했다. 당위성의 의미로 말하는 존경이 아닌, 그의 생각과 행동 속에서 자연스레 만들어지는 존경의 마음을 말하는 것이다. 그에게는 그런 모습이 부족했다. 그렇다고 그가 큰 사고를 치거나 직원들에게 해가 되는 일을 하는 등의 결격사유가 있었던 것은 아니다. 하지만 시간이 지나면서 그는 똑똑하기는 하지만 진정성이 있는 사람인지 모르겠다는 공감대가 만들어졌다.

그는 영업책임자로 시작해서 생산책임자로 자리를 옮겼는데 자신의 기대와는 다른 것이었다. 스펙으로 보나 명석함으로 보나 자신이 차기 CEO로서 대우를 받아야 하는 것이 당연한데 왠지 그렇지 못한 상황을 보며 실망감을 크게 느꼈을 것이다. 더구나 더 비중 있는 자리였던 영업책임자에서 상대적으로 좀 낮게 느껴지는 생산책임자로 이동할 때 그의 실망감이 가장 커졌을 것으로 짐작이 간다. 하지만 그 지점이 오히려 그의 약점을 선명하게 확인하는 계기로 작용했다는 것을 그는 알까?

기업에서 생산이 차지하는 중요성은 그 어떤 기능 못지않게 중요하다. 창업자이자 이전 경영자였던 사람도 결국 소재와 생산 전문가였다. 그렇기에 그 기업의 태생이자 DNA는 생산과 떼려야 뗄 수 없는 것이었다. 그가 생산이라는 하위 기능처럼 보이는 부문으로 좌천되었다는 것에 매이지 않고 그곳에서 충실히 업무를 파악하고 서플라이 체인을 익히고 사람들의 마음을 샀다면, 그는 분명히 차세대 경영자로 성장했을 것이다. 하지만 그는 그렇지 못했다.

내가 수년간 다른 곳으로 이동했다가 경영자로 복귀했을 때 그는 여전히 생산책임자로 일하고 있었다. 이전보다 더 사기가 저하된 모습으로 일상적인 일을 반복하고 있었다. 그에 대해 어떻게 해야 할까 고민하는 몇 달의 시간이 흐르는 사이 전혀 뜻밖의 일이 터졌다.

인사부서 책임자가 한 통의 출처를 알 수 없는 편지를 내 방으로 들고 왔다. 난감한 표정으로 그 편지를 건넸다. 열어보니 생산책임자의 이름을 언급하며 그 사람이 다른 여직원과 불륜을 저지르고 있다는 내용이었고, 그 여직원의 실명도 적어 두었다. 확실한 물증이 첨부되어 있지 않았고 구체적인 상황도 적혀 있지 않았다. 그냥 애들 장난 같은 내용의 편지였다. 그마저도 컴퓨터로 타이핑한 것이어서 필체를 확인할 수 없었다. 밀봉된

나도 나를 믿지 못했다

채로 인사책임자의 책상 위에 놓여 있었다고 한다. 우리는 서로 난감하게 웃으며 괘념치 않기로 했다.

그런데 며칠 뒤 생산책임자가 심각한 표정으로 찾아왔다. 손에는 그 편지가 들려 있었다. 그는 몹시 화가 나 있는 것처럼 보였다. 자리에 앉자마자 대뜸 내게 그 편지를 건넸다. 그리고 내용에 대해 설명했다. 인사책임자를 통해 내용을 봤기에 난 알고 있다고 대답했다. 그는 나에게 그 내용을 믿는지 물었다. 난 내가 믿을 만한 근거가 전혀 없기에 믿지 않는다고 했다. 그는 그동안 회사 안에서 자신이 얼마나 성실히 노력했는지 설명하며 그럼에도 불구하고 오래된 직원들이 자신을 얼마나 차별했는지에 대해서 말했다. 그가 내린 결론은 더 이상 회사에 다닐 수 없겠다는 것이었다. 퇴사하겠다는 의사를 전달해 온 것이다.

누구든 언제든 그만두고 싶을 때 그만둘 자유가 있다. 그러지 못할 위치라는 것은 존재하지 않는다. 그도 당연히 그럴 수 있었다. 다만, 그가 굳이 그럴 수밖에 없다며 설명하는 사유가 그 편지라는 부분에 대해서는 전혀 동의할 수 없었다. 그 편지 때문이라면 당신이 그만둘 이유는 없다고 말하며 원한다면 쉴 수 있는 휴직의 기간을 가져 보는 것이 어떠냐고 말해 주었음에도,

그는 자신이 그로 인해서 받는 정신적인 스트레스가 너무 커서 불면증과 불안증에 시달린다고 했다. 그리고 퇴사가 유일한 해결책이라고 말했다. 그의 불안함이 가족에게까지 영향이 갈까 봐 두렵다는 말을 덧붙이면서…. 그는 눈물을 펑펑 쏟았다.

개인적으로 이해되지 않았지만 그가 그렇게 느낀다면 할 수 없다고 생각했다. 그리고 며칠의 시간을 갖고 더 생각해 보라고 부드럽게 권하며 돌려보냈다. 그는 마지막으로 자신은 이후에 정신과 치료를 받을 예정이고, 지금 자신의 뜻을 받아들이는 선택이 회사 입장에서도 유리하다는 말로 나를 설득하려 했다. 그의 논리는 자신은 아픈 상황이기에 정상적으로 일할 수 없는 입장인데, 회사에서 내보내려 한다면 큰 해고 비용을 지불해야 한다. 하지만 본인이 스스로 사직을 결심하고 치료를 받기로 했으니 회사는 비용을 절감하는 것 아니냐는 말이었다. 전혀 앞뒤가 맞지 않는 논리였지만 그의 멘탈에 이상이 생긴 것이라고 이해하며 헤어졌다. 그리고 며칠 뒤 그는 인사부에 정식으로 사직서를 제출했다.

서두에서 말했듯이 생산부서의 중요성이 크기에 많은 고민을 했지만 이 기회는 하늘이 주신 것이라고 생각하기로 했다.

나도 나를 믿지 못했다

한국기업이 이탈리아 기업을 인수한 이래 그동안 단 한 번도 세밀히 들여다보거나 손대지 못했던 유일한 부문이 생산이었기에 이 기회를 활용하기로 마음먹었다.

생산부서의 내부 프로세스를 파악할 프로젝트팀을 발족하기로 마음먹었다. 그 핵심에 있는 멤버들을 불러 모아 미리 준비한 작고 하얀 박스를 테이블 위에 올려 두었다. 영문을 모르고 온 그들에게 박스를 열어 보라고 했다. 그들은 내가 재미난 게임을 준비한 것이라고 생각하며 웃었다. 그들이 박스를 열어 봤을 때 그 안에는 다음과 같은 쓴 종이가 들어 있었다.

'OPEN THE BOX'

그들은 영문을 몰라 이게 뭐냐고 물었다. 난 지금껏 회사 차원에서 한 번도 들여다본 적이 없는 부서의 커튼을 열어젖힐 시간이 왔다고 설명했다. 그 안에 무슨 문제가 있는지, 그 속에 어떤 비효율이 있는지, 사람 구성은 최적인지, 프로세스 면에서 개선할 점은 없는지, 협력업체의 수준은 최선인지 등 오랫동안 그 분야에 몸담아 그 부서를 장악하고 있던 전문가의 그늘에서 벗어나 투명하게 평가할 순간이 다가왔음을 선포했다.

프로젝트명을 '오픈 박스'로 명명하고 팀을 구성해서 2주간의

1차 작업에 들어갔다. 그 결과를 경영진과 나누고, 생산전문가가 아닌 PI Process Improvement 전문가를 그 부서의 책임자로 앉혔다. 그리고 곧바로 이어진 내부 진단 결과를 투명하게 경영진에 공개하고 새롭게 팀을 구성했다. 그 변화는 작지 않았다. 매우 오랫동안 생산부의 기술총괄을 담당해 온 사람이 요직에서 배제된 개편이었고, 젊지만 수년 이상의 업계 경력을 가진 차세대 리더급 직원들을 발탁해서 기용했다.

수십 년간 그들만의 방식으로 해 오던 생산이라는 특성상, 어느 날 바꾼다고 해서 갑자기 성과가 급격히 올라가지는 않을 것이다. 하지만 최소한 일하는 방식과 투명성 재고를 통해 부조리한 사고의 여지를 현저히 줄인 것만으로도 효과는 있었다고 생각한다. 이런 생각을 확인시키듯 얼마 후 이전 기술총괄 매니저가 오랫동안 불법적으로 이익을 사취해 온 확실한 정황이 발견되었고, 회사는 그를 해고하는 결정을 내렸다.

이런 일련의 과정이 몇 달 동안 정신없이 돌아가는 사이 업계 소식통을 통해 들려온 한 가지 소식에 나는 실소를 터뜨리고 말았다. 눈물을 흘리며 자신은 당장 정신과 치료를 받아야 한다고 내 앞에서 쇼를 했던 그 친구는 나와 함께 근무했던 한국 직원

나도 나를 믿지 못했다

이 이직해 간 기업의 이탈리아 지사 책임자로 이동해서 근무하고 있다는 소식이었다. 그는 멘탈이 붕괴되어 정신과 치료를 받고 있는 것이 아니라, 사직 후 곧바로 그 기업에 합류해서 일하고 있었음을 확인했다.

생각보다 난 이런 경험을 자주 한다. '인생지사 세옹지마'라는 말이 어쩌면 그리도 잘 들어맞는지 감탄할 정도의 상황 변화를 종종 경험한다. 이 경우도 그런 경우라고 나는 생각한다. 그렇기에 이제는 겉보기에 좋지 못한 일이 생길 때 이런 말을 할 정도의 여유는 생긴 것 같다.

"좀 더 지켜봐. 그게 오히려 우리에게 잘된 일일지도 몰라."

네 속에서 우러나는 대로 해

가능성이 있는 젊은 인재를 만났을 때 가슴이 뛴다. 확실한 자신만의 강점을 가진 사람이 훌륭한 태도까지 갖췄다면 그것만으로도 더 바랄 것이 없을 텐데, 그는 훤칠한 키에 외모까지 빠지지 않았다. 한마디로 어디 내놓아도 에이스로서 손색이 없는 그런 사람이었다. 유통사업부에서 리테일 분야의 숙련된 직원이며 적극성이 돋보이는 찾아보기 힘든 인재라는 소개를 듣고 보니 더 이상을 바란다면 지나친 욕심일 것이란 생각이 들 정도였다.

실제로 만나 같이 일을 해 보니 진심에서 우러나온 칭찬을 꽤 자주 하게 됐다. 그의 자세와 태도, 보여 준 성취, 하지만 한 가지 아쉬운 것이 있었는데 사업 방향을 바라보는 안목이었다. 아직은 7~8년밖에 근무하지 않은 매니저이기에 전체적인 관점에서 더 큰 시각으로 보는 안목이 약간 아쉬울 수 있다는 것은 당연했다. 그와의 짧은 이야기는 이런 배경이 있었다.

그와 나는 이탈리아에서 함께 근무하고 있었지만, 그에게 내가 몇 차례 강조한 것은 한국과 중국이라는 아시아의 대표시장에서 눈을 떼지 말라는 것이었다. 이유는 간단했다. 앞으로 그가 담당한 브랜드들의 주요 시장은 이탈리아가 아닌 한국과 중국이 될 가능성이 절대적으로 컸기 때문이었다.

그렇다면 그의 관심의 우선순위, 시간 배분의 우선순위, 예산 배정의 우선순위 등에서 한국과 중국 시장이 뒤로 밀려선 안 된다는 점을 자세히 설명했다. 나의 그런 요구가 그에게 큰 부담이 될 것을 모르는 바는 아니었다. 그는 가족을 데리고 이탈리아로 나온 지 채 1년도 되지 않은 상황이었다. 때문에 설사 내 말이 맞는다 해도 다시 한국과 중국에 집중하기 위해 두 시장에 가까이 머문다는 것은 가족을 데리고 한국으로 복귀해야 한다는 것을 의미하기에 어려움이 있을 터였다.

그가 담당한 브랜드의 장기적 방향과 전략에 대한 내 입장을 그에게 설명한 후 더 이상 그를 압박하지 않았다. 이제 그가 생각하고 선택해야 할 것이고, 그가 어떤 선택을 하든 그를 지지할 생각이었다. 그는 지금까지 해 온 것처럼 이탈리아의 중심도시인 밀라노와 피렌체를 중심으로 브랜드를 키워가기로 했다. 난 내가 할 수 있는 한 모든 자금을 모아 그가 신규 매장을 오픈하고 제품력을 올리는 데 투자하도록 나서서 지원해 주었다. 내가 해 줄 수 있는 모든 자원과 방안을 동원해 그가 일을 더 잘할 수 있도록 최선을 다해 함께해 주었다.

그러다 코로나19 사태가 터졌다. 3개월간 모든 매장이 문을 닫고 영업을 하지 못하는 시간들이 이어졌고, 그 후로도 물리적으로 영업을 제한하는 정부 조치들이 주기적으로 반복되었다. 나와 그런 이야기를 나눈 지 1년 2개월 만에 그는 브랜드의 전개 방향을 한국을 중심으로 하기로 마음먹었다. 그리고 얼마 지나지 않아 가족을 데리고 한국으로 돌아갔다. 지금은 자신이 가장 잘할 수 있는 무대이자, 미래를 위해 집중해야 할 중심시장인 한국에서 브랜드를 전개하고 있다.

그 브랜드를 중·장기적으로 키우기 위한 키포인트로 적합한 사람을 찾는 것에서 출발했고, 그가 그 사람이었다. 그렇기에 그가 스스로 준비될 수 있을 때까지, 본인의 의지로 갈 길을 정

나도 나를 믿지 못했다

할 때까지 말없이 기다렸다. 설혹 그런 선택을 하기 이전에 다른 선택을 했다고 해도 최선을 다해서 그를 도와주기 위해 상사로서 최선의 노력을 했다.

그를 그 브랜드의 책임자로 세운 이후 1년 동안 그가 이탈리아에서 고군분투할 때 나는 그에게 유럽 시장의 특징과 내가 수년간 경험으로 배운 점들을 가르쳐 주었다. 내 가르침은 대부분 그가 스스로 결정할 수 있도록 하는 데 초점이 맞춰져 있었다. 그가 스스로 결정할 수 있도록 돕는 가르침이란 결국 맥락을 알려 주는 것이었다.

어떤 사안에 대해 그가 문의해 올 때마다 내가 내리는 결정의 배경과 이유를 알려 주었다. 그러기 위해서는 내가 내리는 주요 결정들에 대해서 나 스스로 깊이 생각해야만 한다. '왜 그런 결정을 하는가', 스스로 맥락을 생각하는 데 그치는 것이 아니라 그것을 쉽고도 명확하게 풀어서 정리해야만 한다.

그뿐만이 아니라 내가 이끈 직원들 대부분에게 그렇게 하기 위해서 노력했다. 턴어라운드 경영을 함께 진행했던 주요 매니저들에게 그렇게 맥락을 정리해서 반복 전달했던 내용을 책으로 묶은 것이 『돌파하는 기업들』이다.

리더마다 생각하는 바가 다를 것이다. 정답이 무엇이라고 말할 수 없기에 내가 한 선택이 누군가에게는 납득이 안 될 수도 있다. 난 그가 브랜드 전개를 가장 잘할 수 있는 현실적이고도 최선인 인재임을 믿어 의심치 않았다. 그렇기에 내 전략보다 그의 전략, 그의 선택에 더 우선순위를 주었다. 하지만 그는 내가 걸어왔던 길을 통해 내가 먼저 배운 내용들을 맥락이라는 관점에서 이해한 후에 자신의 선택을 해야 한다. 그것이 훨씬 더 성공률이 높기 때문에 그렇게 하기를 권했다.

자신이 생각하고 선택한 방향과 전략에 몰입하는 것과 상사가 내린 지시에 따라 몰입하는 정도가 같을 수는 없다. 나도 그랬었다. 물론 상사에게 지시받은 전략을 실행하는 데에도 최선을 다했다고 생각하지만 나 스스로 내 이름을 걸고 내린 선택과 전략에 집중했던 경험에 비교할 바는 아니다. 때문에 난 직원들이 자신의 내면에서 우러난 선택에 몰입하기를 바라는 것이다.

내가 겪었던 리더들이 내게 보여 준 모습들은 대부분 내 생각과는 많은 부분에서 달랐다. 그분들의 생각이 중요했고, 그분들의 뜻이 중요했기에 리더의 결정은 대부분의 경우 독자적이었다. 기업의 실적에 대해 최종적인 책임은 리더가 짊어지는 것이기에 최종 선택과 결정도 그분들의 몫이라는 데 이의는 없다.

내가 창업하고 경영하고 있는 사업이고 발전 단계의 초기에 해당한다면 그분들의 방식이 더 적합한 경우일 수도 있다. 하지만 규모가 되는 기업의 조직에 소속된 경영자로서 기업이 이미 성숙 단계에 접어들었다면 사업의 지속 가능성을 고려했을 때 사람을 키우는 것 이상의 우선순위는 없다는 것이 내 생각이다.

사람을 키우는 것은 무엇보다 시간이 걸리는 일이다. 내가 다녔던 한 기업에서는 한 사람의 경영자를 키우는 데 최소 5년 이상의 시간 동안 그에게 기업의 전반적 기능을 파악할 수 있도록 몇몇 핵심 기능에 직접 들어가 익히게 하고 경영의 원칙들을 교육해 주었다. 예를 들면 마케팅 1년, 재무 1년, 생산 1년 등으로 순환 근무하게 하고 중간에 수시로 경영자에게 필요한 교육 과정을 밟게 했다. 그렇게 교육받은 인재들에게 작은 사업부를 맡기고, 성과에 따라 더 큰 사업부를 맡기는 정책을 사용했다.

또 다른 기업에서는 최고경영자가 자신의 후계자를 선택하는 데 5년의 장기 과정을 공개적으로 하는 것도 보았다. 5년 전에 몇 사람의 후보를 선정하고 매년 그 후보를 줄여 나가면서 결국 최종 후보자에게 기업의 경영을 맡기는 방식이었다.

모두 외국계 IT 기업이었는데 그 방식들을 보며 기업이 얼마나 인재 육성을 중요하게 생각하는지 알 수 있었다. 기업이 크든 작든, 로컬이든 글로벌이든, 속한 산업이 무엇이든 상관없이 인재를 키우는 것은 미룰 수 없는 최고의 우선순위이다. 이러한 면을 보면 그 기업이 성장할 기업인지 아닌지를 알 수 있다.

연결의 의외성과 확장성

◯

• • •

2015년 초 여름의 밀라노, 지중해성 기후에서 보이는 전형적인 초여름 날씨로 따가운 햇살이 종일 내리쬔다. 하지만 그늘에 들어가면 어느새 땀이 쏙 들어갈 정도로 선선한 기운을 주는 매력적인 여름 날이었다.

우리가 익히 아는 대표적인 이탈리아의 패션 브랜드인 조르지오 아르마니 본사가 위치한 토르토나 거리를 걷다가 현대적인 뮤지엄인 무덱 아트센터를 지나 관심을 가지고 기다렸던 전시회 중 하나인 일본관이 독자적으로 열리는 공간으로 향했다. 아내와 난 방문자 등록을 하고 나서 안으로 들어섰다. 그곳에는 일본을 대표하는 품목들이 자리하고 방문객들에게 일본이라는 브랜드를 알리고 있었다.

스시와 사케 시식, 각종의 캐릭터 인형들, 가상현실 기술을 접목한 캐릭터 게임, 패션 아이템 등 출장 차 가본 도쿄에서 받았던 느낌이 그대로 전해지는 알찬 구성이었다. 아내와 난 전체 부스를 둘러보며 놀이를 하듯 전시장 안을 돌아보았다. 얼음으로 온도를 낮춘 냉 사케도 얼어 마시면서 재미난 시간을 보낸 후 나가려고 서서히 발걸음을 돌리는 바로 그때, 누군가가 우리를 붙잡았다.

"혹시, 김 선생님 아니세요?"

이탈리아 밀라노 한복판에서 난데없이 듣는 한국말을 건네는 저분은 누구일까? 우리는 그 젊은 여자분을 쳐다보며 고개를 갸우뚱했다.

"몰라봐서 죄송한데, 혹시 누구신가요?"

그분은 우리를 너무나 반가워하며 인천에 위치한 교회를 이야기했다. 우리가 신혼 시절 다녔던 교회였다. 그 말을 듣고 다시 얼굴을 보니 낯익은 얼굴임을 알 수 있었다. 그렇다, 그녀는 그 교회에서 내가 가르친 고등부 제자였다.

"선생님, 정말 깜짝 놀랐어요. 세상에 어떻게 이런 일이…."

인천의 구석진 지역에 있는 작은 교회에서 만났던 제자를 17년이라는 긴 시간이 흐른 후 한국과 지구 반대편에 있는 이탈리아의 밀라노 거리에서 만났다는 사실에 우리는 솔직히 경악했다. 내가 사는 이 땅에 인연의 끈이 없다고 말할 수 있을까?

우리는 그녀를 저녁 식사에 초대했다. 이탈리아식 요리를 몇 가지 준비하고 맛이 잘 든 와인도 한 병 준비했다. 그녀와 우리는 밤이 늦도록 이야기꽃을 피웠다. 17년 만에 봤음에도 우리를 알아봐 준 제자가 너무나 고맙고, 잘 자라서 일본에 진출해 일하고 있는 모습에 뿌듯했다. 그날 저녁 시간은 우리 세 사람 모두에게 꿈 같은 기적이자 행복이었다.

그녀와 페이스북에서 친구로 맺어졌다. 그리고 그녀가 자신이 아끼는 후배라며 소개해 준 친구가 음악을 하고 있는 헤르츠 케이(이전 활동명은 필 케이였음)이다. 네덜란드 암스테르담에서 음악을 공부하고 있던 그 후배를 알게 되었고, 마침 암스테르담 출장길에 만나자고 제안해서 고풍스러운 레스토랑에서 함께 식사를 했다.

헤르츠 케이는 자신이 활동하는 분야에서 믿을 만한 분이라며 김경욱 대표님을 소개해 주었다. 김 대표님과 인사를 나누었고, 기회가 되어 김 대표님께서 키우고 있던 어바우츄AboutU라는 밴드의 영국 방문과 앨범 제작을 도왔다. 어바우츄는 영국을 방문하는 길에 우리 회사에 들러 직원들을 위해 회사의 고풍스러운 창고에서 멋진 공연도 해 주었다. 최근 어바우츄의 활동 소식을 보니 내가 좋아하는 유희열의 스케치북에도 나오는 등 활발하게 활동하고 있어 정말 반가운 마음이었다. 그리고 나의 사랑스러운 제자는 그 후 뉴욕으로 건너가 사진작가로 전업하여 작품활동을 하고 있다.

◆ ◆ ◆

내가 CFO로 근무했던 기업에 UX 분야의 최고 전문가 중 한 분을 스카우트한다고 대표께서 들떴던 일을 기억한다. 결국 대표의 소망대로 그분을 모셔 왔다. 그분이 바로 이태숙 대표인데 회사에 다니는 동안 어떤 계기로 친해졌는지 기억나지 않지만, 당시 함께 종종 점심도 하고 이야기도 나누며 친밀하게 지냈다. 그러다 이 대표와 나는 기업을 떠났고, 연락이 끊긴 채로 몇 년이 지났다. 그리고 몇 해 전 페이스북을 통해 이 대표와 다시 연결되었다. 사회관계망이 참 묘한 구석이 있어서 이 대표와 인터

넷상에서 나누는 교류가 이전에 직장에 같이 다닐 때보다 더 친근하게 느껴지기도 한다. 우리는 모두 자신의 전문 분야가 있기에 서로 그 분야에 대해 도움을 요청하고 돕는 관계이다. 아마도 둘 중 한 명이 크게 뒤통수를 치지 않는 한 오래갈 것 같다.

이 대표의 지인 중 밀라노에 계시는 분이 있어서 연결되었다. 밀라노에서 건축일과 더불어 전문적으로 통역을 하는 분인데, 이 대표의 주선으로 직접 만났고 그 후 같은 도시에서 살고 있다는 인연으로 가끔 만나고 도움을 주고받는 사이가 되었다.

이분과는 또 다른 소중한 인연을 나눈 계기가 하나 더 있었다. 몇 년 전 아내가 오복이(강아지)를 데리고 오후 산책 도중 차에 치이는 사고를 당했다. 다행히 생명에는 지장이 없었지만 몇 달간 단기기억상실증을 앓을 정도로 큰 충격을 받은 사고였다. 그때 이분이 통역으로 우리를 많이 도와주었다.

◆ ◆ ◆

어느 날 조카가 소속된 4인 팀이 대학생을 위한 공모전에 당선되어 유럽 몇 개 도시를 견학하는 기회를 얻게 되었다. 그때 그 4명이 밀라노에도 방문했고, 그중 한 여학생(K양이라 부르자)이

유난히 밝은 성격으로 아내와 나에게 친근하게 대했다. K양은 몇 년이 지난 후 이탈리아 남자를 만나 결혼해 밀라노에서 살고 있다. 우리가 밀라노에서 지내는 동안 서로 오가며 식사도 하고 고민이 있을 때면 찾아와 대화를 나누는 관계로 발전했다. 그러다 우리 회사 중 한 곳에서 사람을 찾기에 그녀를 소개했고 담당 매니저가 만나 보고 조건에 맞아 K양은 우리 회사에 합류하게 되었다.

◆ ◆ ◆

2019년 말에 한 매체에 한국인 디자이너로 세계적인 이탈리아 패션 브랜드인 토즈Tods에서 스니커즈를 총괄하는 수석디자이너인 석용배 님에 대한 기사를 보게 되었다. 그 기사를 보며 깊은 인상을 받았고 연락을 하고 싶었다. 찾아보니 인스타그램에서 활동하고 있다는 것을 알게 되었고, 메시지를 보내 나를 소개하며 식사를 함께하자고 제안했다. 그 후 수락의 답변을 받고 만나게 되었다.

식사 자리에 나가기 전에 석용배 님이 디자인한 No Code 스니커즈를 구입해 신고 나갔다. 그날의 대화는 너무나 즐겁고 유익혔다. 우리 모두 서로가 생각보다 공통점이 많음을 알게 되었고, 패션사업을 바라보는 관점도 통하는 점이 많았다. 그 후 우리는 자주 만나 교류하고 있다. 내가 한국으로 돌아오기 전 석용배 님을 초대해 밀라노 집에서 마지막으로 나눈 저녁 식사는 지금도 기억에 남는다. 덕분에 그분과 콜라보도 계획하고 있고, 개인적인 협업도 생각 중이다. 알게 된 지는 그리 오래되지 않았음에도 마음이 잘 통하는 좋은 친구를 얻은 느낌이다.

페이스북을 통해 정말 많은 분을 만났다. 한 분 한 분 다 열거할 수 없지만 그 많은 만남을 통해서 관계와 연결의 확장성에 대해 생각할 기회를 얻었다. 좋은 사람과의 만남은 그분이 가지고 있는 또 다른 좋은 분들과의 연결로 이어지고 그분 또한 마찬가지다. 서로가 서로에게 좋은 연결을 이어 준다. 때문에 누군가를 새롭게 만난다는 것은 한 사람만을 만나는 것이 아닌 세상이 되었다. 새로운 만남이 또 다른 만남을 이어 주고, 좋은 인연이 또 다른 좋은 인연으로 확장되는 이 현상은 내가 일찍이 경험해 보지 못했던 놀라움이다. 나는 지금 만남이 가져오는 새로운 기적을 누리며 살고 있다.

질투를 방치하는 사람의 결말

D

내가 영국 법인장으로 발령받고 이동했을 때 이탈리아에 남아 있던 한국인 직원들 중 나를 질투한 사람이 있다는 이야기를 후에 들었다. 몰랐지만 나와 그에게 똑같이 기회가 주어졌고, 우리는 각자 서로 모르는 상태에서 영국 법인들에 대한 운영계획을 제출했다. 그리고 그중 내 계획이 채택된 것이다. 난 그가 후보였는지 전혀 몰랐다. 그는 나와 절친하게 지내던 동료였다. 타국에서의 심정적 외로움과 어려움을 나누고 위로하던 관계였다. 그는 대외적으로 다양하고 많은 사람을 만나는 일을 하고 있었기에 그가 이탈리아 와인에 대해 가르쳐 달라고 요청했을 때 흔쾌히 집으로 불러 엄선한 고가의 와인과 그에 맞춘

나도 나를 믿지 못했다

음식을 준비했다. 그리고 이탈리아 와인 전반에 대해 미리 준비한 강의안을 나누고 설명해 주며 시음하는 시간을 가졌다. 그의 성공을 위해 내가 도울 수 있는 부분을 거절한 적이 없었다.

그런 관계에 있던 그가 나를 지목하며 왜 자신이 아닌 내가 영국 법인장으로 발령을 받았는지 따졌다는 이야기를 들었을 때 난 또 한 번 더 배신당한 기분이 들었다. 누구나 그런 경험이 있을 것이라고 생각한다. 직장생활, 사회생활을 하면서 질투해 보지 않은 사람도, 안 당해 본 사람도 없을 것이다. 질투는 우리 안에 내재된 원초적인 감정 중 하나라고 생각될 정도로 보편적이고 일반적이다. 나를 비롯해 이 세상에 존재하는 누구나 질투심을 가지고 있다. 하지만 그것을 표현하는 방식이나 해결하는 방법에 있어서는 극명한 차이가 있고, 어떤 길을 가느냐에 따라 결과는 정반대로 나타난다. 한마디로 질투를 잘 다루면 나의 발전에 도움이 됨과 동시에 인간관계도 유지되지만, 잘못 다루면 사람들을 크게 다치게 만들 수 있고 대부분의 인간관계는 깨진다.

한 기업에 근무할 때 일이다. 인사책임자가 승진했는데 그 일을 두고 많은 직원이 불공정한 처사라고 수군대는 것을 봤다.

인사책임자는 비서 출신으로 사장을 근거리에서 보필하는 직책의 특성상 사장의 인정을 받는 데 유리한 것은 사실이었다. 나는 그가 상당한 노력을 한 사람이라는 것을 알고 있었다. 비록 뒤에서 수군대는 사람들에게 내 생각을 드러내 놓고 말하지는 못했지만, 속으로는 그 인사책임자에 대해 승진할 만하다는 생각을 가지고 있었다. 열심히 했고 성과도 있었으니 그리 이상할 일도 아니었다.

그래서 개인적으로 그에게 메일을 보냈다. "축하합니다. 그동안 쏟은 노력과 성과에 대한 보상이기에 당신은 승진의 기쁨을 누리기에 충분한 자격이 있다고 생각합니다." 이 일을 계기로 그와 나는 더 가까워질 수 있었다. 그리고 훗날 그는 내 인생에서 큰 의미를 차지할 기업과 경영자를 소개해 주었다.

제목도 없이 내가 쓴 시 한 편을 소개한다. 2012년에 쓴 것인데 이 시를 썼을 당시 난 거의 30년을 함께했다고 믿었던 친구로부터 잊을 수 없는 커다란 상처를 얻은 상황이었다. 이탈리아에 홀로 떨어져 내 인생에서 가장 외로운 시간을 통과하고 있었던 그때에 그런 일이 생겼다. 그는 내 가족을 아프게 했고 나의 관

계망을 허물었다. 그때의 느낌은 배신이라는 단어로 모두 담을
수 없는 절망의 심정이었다.

나는

생각한 만큼

애쓴 만큼

함께한 만큼

커지는 것이 관계라 믿었다

하지만

너는

생각한 만큼

애쓴 만큼

함께한 만큼

아픈 것이 관계라 말한다

누가 그러더냐?

사람이 희망이라고

누가 외치더냐?

만남이 축복이라고

만남의 안뜰에 고통이 있고

관계의 밑줄기에 눈물이 흐름을

너의 침묵에서 깨달아야 했었다

하늘에 묻는다

이제 무엇을 바라봐야 하냐고

땅에게 묻는다

이제 어디로 걸어가야 하냐고

　그가 그런 말도 안 되는 행동을 했던 이유 또한 내가 추측하기로는 질투였다. 가족과 같았던 친구였기에 떨어져 살면서도 거의 매월 오가며 만났고 아낌없이 정을 나누었다. 그랬던 그가 그런 얼음 같은 차가운 칼을 휘두른 것은 질투가 아니라면 설명이 안 된다. 몇 년 전까지 오랜 시간 그 일을 생각하는 것만으로도 난 마음이 침울하고 힘들었다. 하지만 이 글을 쓰고 있는 지금은 이상하리만큼 아무렇지도 않다. 이미 그라는 존재가 더 이상 내게 소중하지 않은 사람이 되어 버렸기 때문이다. 적어도 내 마음속에서 그는 삶의 끝을 함께 바라볼 수 있는 사람이 아니다.

　질투는 이처럼 관계에 금이 가게 만든다. 그게 실금이든 엄청

난 균열이든 종국에는 파국으로 향하게 한다. 이런 의미에서 리더는 질투를 관리해야 한다.

오래전 〈질투는 나의 힘〉이라는 영화 제목에서 느껴졌던 이미지처럼, 경우에 따라서 질투가 자기 자신을 성장시키는 동인이 될 수도 있다. 외형적인 실력이라면 그럴 수 있다. 하지만 내면은 절대 성장하지 않는다. 평생 자신이 얕잡아볼 수 있는 사람들과 어울린다면 괜찮을지 모르지만, 그보다 뛰어난 재능과 그릇의 사람을 존중하며 어울리기는 쉽지 않다.

나도 월등한 분들이나 재능이 출중한 분들을 만난 적이 있다. 난 그들을 멀리하지 않았고 오히려 그들을 인정했다. 그들의 재능과 노력에 박수와 응원을 보냈다. 마음속으로 질투의 느낌이 전혀 없어서 그런 것은 아니었다. 내게 있어서 질투는 단순하게 부러움과 같은 단어이다. 부러워할 수 있다. 하지만 그 정도가 지나쳐 시기하는 것은 도움이 안 된다. 승부욕이 매우 강한 사람은 더욱 조심해야 할 부분이 질투로 인한 관계의 파국이다. 혹시 주변 사람에 대해 시기하는 사람을 보거든 조심해야 한다. 그런 사람이 눈에 띄거든 절대적으로 멀리해야 할 사람이라고 생각한다.

충성의 이면을 확인할 것

　　리더의 마음과 눈이 비뚤어지는 데
일조하는 존재들이 있다면 그를 향해 조건 없는 충성을 바치는 충
성파들을 빼놓을 수 없다. 그동안 긴 조직생활을 통해 주변에서
이런 모습을 보았고 느끼게 되었다. 때문에 내가 CFO나 CEO가
되었을 때 나에게 보고라인을 가지고 있던 부하직원들의 진정성
을 그들이 내게 보였던 행동이 아닌 다른 직원들과 고객에게 보인
행동에서 찾았다. 즉 나를 향한 충성이 아니라 고객을 향한 진정
성과 동료를 향한 바른 태도를 더 중요한 잣대로 생각했다.

　　개인적으로 믿는 사실은 사람이란 상사에게 하는 행동은 대
체로 훌륭할 수밖에 없지만, 정작 그가 진실한 사람인 것은 그의

부하직원을 비롯한 다른 직원들과 고객을 대하는 모습 속에 있다는 것이다. 더불어 평소에 보이는 모습이 중요한 것이지, 특별한 이유나 조건하에서 보이는 모습은 믿을 만한 것이 못 된다는 것도 내가 따르는 믿음 중 하나이다.

A라는 임원은 총무 업무를 담당하고 있었다. 내가 이탈리아에 처음 오게 됐을 때 여러 번 개인적인 도움을 주었고, 난 그가 참 순박하고 좋은 사람이라는 인상을 가지고 있었다. 그 후 2개의 기업을 경영하기 위해 3년이 넘는 기간 동안 영국에 가 있었고, 이후에 전체 사업부의 책임자로 이탈리아로 돌아왔다.

A는 내가 돌아왔을 때 날 만나는 자리에서 눈물을 흘렸다. 그의 표정에서 주체할 수 없는 반가움과 내가 책임자로 온 것에 대한 기쁨이 느껴졌다. 그리고 그의 그런 모습은 이전에 내가 가지고 있었던 그에 관한 이미지와 연결되면서 마음속에서 그를 향한 고마움이 더 커지는 계기가 되었다.

여러 가지 변화가 시작되면서 그에게 한 가지 프로젝트의 책임을 맡겼다. 그가 그 일을 충실히 할 것으로 믿었고 잘하리라 기대했다. 최소한 겉으로 보기에는 그랬다. 하지만 직원들 사이에서 이상한 소문이 돈다는 것을 얼마 후 알게 되었다. 은밀히 조사해 본 결과, A가 직원들에게 좋지 못한 영향력을 행사하고 있다는 것이 확인했다. 그가 마치 완장을 찬 사람처럼 사장인 내 이름을 팔며 직원들을 윽박질렀던 행동과 사내에 가짜뉴스를 만들어 내어 소문을 내고 다닌 것도 여러 차례였음을 알았을 때 내가 느꼈던 그 실망감을 잊을 수가 없다.

'왜 그 생각을 못했을까?' '그가 내가 보는 이미지와 다른 사람일 수 있음을 왜 간과했을까?' '내가 직접 그와 함께 일해 본 경험도 없으면서 중요한 프로젝트를 맡겼을까?' 등등 복잡한 생각들이 내 마음속을 떠다녔다. 그리고 그대로 방치할 수 없는 수준임을 깨닫는 순간, 난 그와 헤어지기로 마음을 굳혔다. 그리고 신속히 절차를 밟아 회사의 건강한 조직문화를 심각하게 왜곡한 그와 이별했다.

이런 사례들은 어찌 보면 일상적인 일들 중 하나에 불과하다. 사람이란 때로는 세상을 다 걸고서라도 믿어야만 하는 존재이지만, 그의 한 길 마음속은 알 수 없는 그런 존재이다.

또 한 기업에서는 리셉션 업무를 맡길 경력자를 채용했다. 표정이나 행동이 보기에 비타민같이 밝은 직원을 만난 것에 부서원들 모두 기뻐했다. 그런데 몇 달의 시간이 흐르기도 전에 그녀가 직원들에게 권위적인 태도를 보인다는 말이 돌고 있음을 듣게 되었다. 그 내용을 인사책임자를 통해 상세히 파악한 후 사실임을 확인했다. 그녀와의 고용계약은 수습기간이 아직 끝나지 않았던 상태였기에 수습기간이 끝나는 때에 직원으로 받아들이지 않고 내보내기로 했다. 당시 그녀의 상사이자 인사부서 책임자였던 매니저가 상황을 파악한 후에 나에게 계약 해지라는 최종 결정을 제고해 달라고 요청했다.

"두 달 정도 기간을 두고 그녀가 자신의 태도를 고치도록 제가 가이드하겠습니다."

그 이야기를 듣고 인사책임자에게 나는 이렇게 대답했다.

"지난 3개월간 아무런 제약 없이 그녀가 자신을 보여 주도록 기회를 주었고, 그녀는 그 시간 동안 자신의 평상시 모습을 보여 준 겁니다. 난 평상시에 직원이 자신의 가치관에 따라 행동하는 모습을 보고 판단하는 것이 맞다고 봅니다. 두 달의 기간을 주고 행동을 고치라고 한다면 고칠 수 있겠죠. 하지만 우리는 똑같은 문제를 몇 달 뒤에 또 맞이할 겁니다. 왜냐하면 그녀는 평상시의 그 사람으로 다시 돌아갈 것이기 때문입니다. 수습기간으로 계약을 종료합시다."

인사책임자는 내 뜻에 따라 그녀를 내보냈고 다른 직원을 찾았다. 그녀가 나에게 잘못한 것은 없었다. 아니, 오히려 나에겐 너무나 싹싹하게 잘했다. 평소 나에게 비친 모습은 '성격이 밝은 사람이구나'라는 느낌을 가질 정도였다. 하지만 나의 판단 기준은 그 사람이 자신과 비슷한 위치에 있거나 아래에 있는 직원들을 대하는 모습이기에 그런 결정을 내릴 수 있었다.

리더는 자신에게 충성하는 사람에게 현혹되지 않을 책임을 가진 존재여야만 한다고 믿는다. 그들을 둘러싸고 있는 무리의 충성 정도가 깊을수록 현혹될 가능성이 커지기에 더 객관적이고 단호하지 않으면 눈이 흐려지기 쉽다. 눈이 흐려진 리더에 대해 직원들은 기대의 마음을 접는다. 똑똑한 직원들일수록 더 빠르게 기대를 접고 떠난다.

리더가 믿는 사람, 리더에게 충성을 다하는 사람일수록 리더는 그/그녀에게 태도를 강조하고 가르쳐 직원들을 리더에게서 멀어지게 만들지 않고, 오히려 직원들이 리더에게 다가올 수 있도록 만들어야 한다. 이 점은 역사를 통해 우리가 배우는 가르침과도 같다.

나도 나를 믿지 못했다

공포정치는 오래가지 못한다

내가 페이스북에 썼던 글을 한 편 소개하고 싶다.

팀장님들, 대표님들~

만약 당신이 이런 스타일이시라면 제발 다시 생각하세요.

조직에는 기강이 있어야 해.

최근의 문제는 기강이 풀어져 있어서였어.

이것들이 빠져서 엉망이 됐구만.

한따까리 해야 될 시간이 된 거야.

건방지게 말도 없이 나보다 먼저 퇴근해?

나한테 물어봤어야지 누가 니 맘대로 하래?

기강이 해이해진 게 문제가 아니랍니다.

당신이 믿는 기강 때문에 그들이 생각하기를 멈추고

행동하기를 주저하기 때문입니다.

당신은 무서워하거나 두려워할 대상이 되면 안 됩니다.

부하직원들이 자유롭게 때로는 튀게 당신과 상의하고

의사소통을 하지 않는 한 햄스터 쳇바퀴 돌듯 반복될 겁니다.

절대 무서움으로 다스리면 안 됩니다.

성실과 진정성과 실력으로 경외심을 받으시면

저절로 마음으로 당신을 무서워합니다.

그 무서움이 진짜 무서움입니다.

팀장님들, 대표님들~

세상에서 제일 못난 리더의 부류, 여기 있어요.

역사를 돌아보면 모든 폭군과 독재자는 자기 주변에

이해관계가 딱 맞아떨어진 무리가 꼬였어요.

그들의 이해관계란 것은 서로서로를 무섭게 보이도록 만들어

견제가 없는 권력을 누리는 거였죠.

사람들은 그들을 친위대라 불렀답니다.

가장 찌질한 리더들 중 하나는 친위대를 통한 다스림을

즐기는 부류랍니다. 당신 주위에 당신을 무서운 사람으로

바람을 잡거나 포장하는 찌질이들이 있다면

당신은 이미 폭군이 된 것입니다.

찌질하게 살지 좀 마세요. 다 큰 성인들 데리고….

친위대를 두면 당신의 귀는 막히고

당신의 말은 땅에 떨어집니다.

당신 주위에 있는 스태프들은 권력을 나눠 갖는 사람이 아니라

직원들을 섬기는 사람이어야 합니다.

직원들을 섬기고 고객을 섬기는 사람을 곁에 두세요.

당신이 오래도록 리더로 살 수 있는 유일한 방법입니다.

제발 깡패와 같은 무리들을 곁에 둬서 당신 조직을

삼거리파로 만들진 마세요.

다시 말해 드립니다. 깡패는 별게 아닙니다.

당신의 권위에 기대서 마치 그 권력이 자신의 것인 양

휘두르는 인간들입니다.

그러니 당신 주변부터 다시 보세요.

이 글은 나름의 배경을 가지고 있다. 읽는 이들이 쉽게 알 수 있듯이 이 글은 약간 강한 어조를 띠고 있으며, 그것은 이 주제에 대한 내 마음이 그다지 편치 않음을 짐작하게 한다.

1469년에 이탈리아 중부의 대표적인 도시인 피렌체에서 태어난 니콜로 마키아벨리Niccolo Machiavelli는 1513년, 한자리 얻고 싶어서 당시 피렌체를 다스리고 있던 영주 메디치 가문에 『군주론』을 써서 헌정했다. 지금 시대에 자신이 살고 있는 무대에서 이 책을 참고하는 리더들이 제법 많은 것 같다.

내가 만났던 그들이 그 책을 읽었는지, 그것을 따라 했는지 알지 못하지만 사회생활을 하면서 공포로 다스리는 방식을 습관적으로 활용하는 리더들을 종종 보았다. 하지만 재미난 것은 그런 방식을 사용했던 리더들 대부분이 자신이 공포정치를 하고 있음을 인지하지 못하고 있다는 사실이었다. 카리스마가 있다는 말로 그럴듯하게 포장되며, 그들의 행동은 오히려 주변으로부터 경외의 대상이 되고는 한다. 하지만 누구로부터 나오는 칭송인지 잘 생각해 보면 금방 알 것이다. 그를 둘러싸고 아첨하는 무리에게 나오는 칭송인 경우가 거의 대부분이다.

공포정치란 직원들을 힘으로 누르고 공포를 조성해서 신속

나도 나를 믿지 못했다

하게 결과를 얻으려는 것이다. 그런데 직원들의 마음에 상처를 남기는 성장을 하거나, 겉보기에는 성장한 듯 보이지만 잘못된 방향으로 배우고 익히는 부실한 성장을 양산한다. 공포정치로 만들어진 성장에 길들여진 직원들이 리더로 자라났을 때 소통의 기본기를 무시하고 일방적인 소통으로 조직을 망치는 일을 답습할까 봐 두려워진다.

대부분의 사람은 스스로 공포, 두려움을 가지고 있다. 공포정치란 그것을 이용하는 것이다. 대부분의 사람 내면에는 두려움이 존재한다. 거절의 두려움, 실패의 두려움, 비난의 두려움, 상실의 두려움, 처벌의 두려움 등 이런 두려움을 가지고 있지 않은 사람은 없다. 리더는 그 두려움을 자극하고 위협하여 단기적으로 두려움 때문에 더 긴장하며 빠르게 움직이는 것을 이용하는 것에 익숙해지면 안 된다. 사람이 사는 세상이기에 그 방식이 필요한 경우도 있다. 굳이 두려움을 자극하지 않아도 스스로 그런 상황으로 본인을 내몰기도 한다. 그것은 각 개인의 역량이고 선택이기에 그것까지 책임질 수는 없다.

하지만 리더가 본인의 목적을 달성하기 위해 공포감으로 조정하는 것은 문제이다. 두려움으로 조정하는 방식에 맛을 들인 리더는 다른 방식을 잘 사용하지 못한다. 왜냐하면 그 방식의 즉시성이라는 마력에 빠지기 때문이다. 그것은 마치 운동선수에게 투입하는 약물과 같은 것이다. 운동선수에게 약물은 일시적으로 근육량을 늘려 준다든가, 뇌의 기능을 컨트롤하여 육체적·정신적인 피로를 못 느끼게 하는 등의 역할을 한다. 그렇기에 그런 약물은 운동선수들에게 복용을 금지하는 것이다. 약에 의지하여 자신이 정상적으로 발휘할 수 있는 능력을 넘어서게 조작하는 것이고, 그런 비정상적인 능력은 훗날 육체적·정신적으로 대가를 치르게 된다.

체벌에 의지하여 아이를 키우는 부모나 교사는 결국 교육에 있어서 게으른 사람이듯, 리더도 그렇다. 공포감으로 조정하는 매니징은 결국 게으름의 표현이다. 시간과 노력을 들여 다른 방법을 생각하고 고민하여 더 나은 리더가 되는 훈련을 경시한 채 그저 당장 효과를 볼 수 있는 방식을 고수하는 것이니 게으르다고 하지 않을 수가 없다.

리더는 직원들 각자가 태생적으로 품고 있는 두려움을 점차 극복해 가도록 돕는 사람이지, 그 두려움을 강화하여 자신의 목적을 달성하는 사람이 되어서는 안 된다.

고객을 사랑하는 사람 찾기

그녀는 약간 뻣뻣한 사람이었다. 내가 영국에 법인장으로 부임했을 때 만난 그녀는 예의 바른 매니 저였지만 디자이너로서의 자부심으로 똘똘 뭉친 사람이자 약간 은 딱딱한 태도의 사람이었다.

처음 내가 갔을 때 그 회사 안에는 6명의 팀장이 존재했고, 수 평적인 구조로 일하고 있었다. 월요일마다 매니지먼트 미팅을 했는데 6명의 팀장에 지사장까지 7명이 두 시간 이상 미팅을 진 행했다. 그녀는 할 말만 딱 하는 그런 스타일이었다.

지사장은 넌지시 그녀가 핵심인력이니 훗날 COOChief Operation Officer(최고운영책임자)로 임명하는 것을 고려해 볼 만하다고 보고해 왔다. 그럼 왜 지금까지 그런 인사 조치를 하지 않았는지 물어보자 다른 팀장들이 반발할 것이 염려되었기 때문이라고 했다. 그도 그럴 것이 6인의 팀장 체제는 제법 오래된 형태로 자리를 잘 잡은 방식이었기에 누구도 그것에 의문을 던지거나 변화를 받아들이고 싶지 않았을 것이다.

그때부터 그녀를 향한 나의 관찰이 시작되었다. 전통적으로 내려오는 정형화된 디자인이 매출의 절대 다수를 차지하고 있는 현재 상황을 크게 흔들지 않을 것이지만 새로운 디자인 시도를 꾸준히 하도록 요구했다. 그리고 그 작업을 두 시즌에 걸쳐 진행하는 모습과 결과를 보니 상당한 가능성을 보였다.

더불어 해외 고객 관리를 하고 있던 그녀의 역할을 통해 고객을 대하는 자세와 일을 진행하는 면에서의 강점을 알고 싶었다. 그래서 한국에 있는 지인들 중 우리와 거래가 가능한 곳들을 추려 두 곳 정도에 거래를 요청했고, 그중 한 분은 적극적으로 영국으로 건너와 직접 회사를 방문해 디자인과 생산의 전 과정을 눈으로 본 후 거래하기로 약속했다.

그렇게 시작된 한국 두 브랜드와의 거래를 통해 난 그녀의 업무 스타일을 자세히 알게 되었다. 하나를 보면 열을 안다는 말

나도 나를 믿지 못했다

은 대부분의 경우에 대단히 유용한 말이다. 그녀는 매우 조직적이고도 꼼꼼하게 고객 중심적으로 일을 진행하는 사람이었다. 그 두 건의 거래에서 고객들은 내게 이구동성으로 같은 피드백을 주었다.

"매우 일을 잘하는 분입니다. 고객 중심적으로 사고하고 보통의 유럽인들과는 다르게 신속히 답변하고 문제를 해결해 주는 그런 분입니다. 이분이 그 기업에서 일을 하는 한 또 거래하고 싶을 것 같습니다. 참 좋은 분을 데리고 있군요."

매달 전체 팀장과 일대일 미팅을 가졌기에 당연히 그녀와도 그런 시간을 가져왔는데 만나면 만날수록 그녀의 담백한 성품에 매력을 느꼈다. 더하거나 빼는 법 없이 사실을 사실대로 보고하고 접근하는 태도가 마음에 들었다. CEO인 내가 내리는 지시라면 대부분의 팀장들이 만사 제치고 그것부터 먼저 하는 것이 일반적인 모습이다. 그런데 그녀만은 고객과 약속된 과업들이 있을 경우 우선순위를 그것에 두고 나에게 일정을 조정해 달라고 요구하는 사람이었다. 한마디로 난 복 받은 사람이었다. 고객을 애지중지하는 그런 분이 회사의 중요 포지션에 있다는 것은 정말 큰 복이다.

약 10개월의 관찰 기간이 지나고 난 그녀를 COO로 임명했다. 주재원 기간을 마치고 복귀한 지사장의 후임을 한국에서 데려오지 않고 CEO인 내 아래로 COO인 그녀가 디자인, 생산, 영업, 고객 관리 등을 책임지게 한다. 그리고 CFO가 재무, 인사, 총무, IT 등을 관장하는 양두 체제로 개편했다.

오랜 6인 팀장 체제의 조직을 2인 체제로 바꾸고 나머지 4명의 팀장들을 그 아래에 두었다. 그리고 내가 요구한 것은 디자인, 생산, 영업의 우선순위 등이 고객 중심적 관점에서 통합적으로 정렬하는 것이었다. 고객을 일선에서 접하는 사람, 고객을 꾸준히 만나온 사람, 고객이 좋아하는 사람, 고객으로부터 존중받는 사람이 그 중심에 서야만 한다는 것이 내 생각이었다. 그리고 그녀는 그 중심에 있던 사람이었다.

그녀에게 맡길 역할과 책임이 너무나 막중했기에 10개월간 난 가능한 꼼꼼하게 그녀를 검증하는 작업을 했던 것이다. 그리고 때가 되었다고 느꼈을 때, 그녀에게 디자인만이 아니라 생산과 영업까지 관장할 권한을 부여했다.

결과는 어땠을까? 내가 처음 CEO에 취임했을 때 그 기업은 몇 년간 영업적자를 기록 중이었지만 2인 체제로 변화한 이듬해

부터 흑자로 완전 전환했을 뿐 아니라 영업이익률이 12퍼센트까지 올라섰다. 그리 크지 않은 기업이었지만 수년간 적자에서 벗어나지 못했던 기업이 1년 만에 흑자로 전환되었다. 그 후 매년 영업이익률 기록을 갈아 치웠던 비결을 묻는 사람들에게 당시 내가 했던 대답은 단순했다.

첫째, 누가 고객 관점에서 제대로 일을 하고 있는지 찾는 노력을 했다(인재 탐색).

둘째, 내가 선택한 인재를 관찰하고 검증했다(인재 검증).

셋째, 정기적으로 만나서 기업의 방향과 전략에 대해 의사소통을 했다(맥락을 나눔).

넷째, 그를 등용하고 그가 일을 할 수 있도록 장애물을 제거했다(등용 및 권한 보장).

다섯째, 그가 도움을 요청하는 경우 대부분 우선순위를 두고 해결해 주었다(장애물 제거).

대부분 이 내용을 설명했을 때 그 내용의 단순함으로 '별거 없군' 하고 생각하는 듯했다. 그렇지만 그런 사람들은 분명한 한 가지 진리를 기억해야 한다. 성공은 남과 다른 기발하고 복잡한 무언가를 했기 때문에 얻는 것이 아니라는 사실이다. 오히려 쉽고 단순한 것을 결과를 의심하지 않고 충실하게 실행하는 것이 성공의 비결이라는 원리이다.

더욱 놀라운 것은 코로나19라는 전무후무한 사태 가운데에서 영국 법인을 맡아 운영하고 있는 그녀와 현지인 CFO는 여전히 능력을 발휘해 턴어라운드 시기에 나에게 배운 대로 신속하고도 철저한 '현금 중심 경영'을 실행하고 있다. 그리고 이전에 보유하고 있던 현금 잔액 규모에서 한 발도 더 뒤로 가지 않고 선방하고 있다. 기대하기로는 이런 수준으로 위기를 관리한다면 코로나19가 끝나고 경제가 다시 돌아서는 때에는 그들이 대단한 활약을 보여 줄 것으로 기대한다.

영국인 직원들과 한 약속

두 군데 패션기업의 턴어라운드를 진행하기 위해 영국으로 간 것이 2016년 6월이었다. 그때 영국인 매니저들에게 한 약속이 있다.

"한국 기업이 이 두 기업을 인수한 이래 현지인 임원이 내부에서 육성되어 세워진 적이 없습니다. 저는 그 일이 충분히 가능하다고 봅니다. 앞으로 2년 이내에 그 목표에 여러분과 함께 도전해 보겠습니다."

앞에서 소개한 분을 포함해 세 분의 핵심인재를 내부에서 발탁해 육성하여 지속적으로 임원으로 승진시킬 준비를 했다. 그리고 2018년 초, 그러니까 처음 약속대로 2년이라는 시간이 지나기 전에 현지인 임원 3명을 기쁜 마음으로 세웠다.

그들을 위한 맞춤 교육을 만들어 하루 코스의 교육을 준비한다는 내용을 전달했고, 모처럼 같이 식사를 나누었다. 다음은 그 교육에서 임원들에게 전달했던 '임원이 해야 할 7가지'와 '하지 말아야 할 7가지'에 대한 것이다. 다만, 턴어라운드 상황에서 막 벗어나 성장의 초기에 있던 기업의 상황을 감안하고 다음의 내용을 이해할 필요가 있다.

임원이 해야 할 7가지

1. 할 수 있는 인재들에게 할 수 있는 권한을 주어라.
Right power to right people.

2. 고객의 성공을 돕는 일에 끝없이 헌신하라.
Contribute for customers' success.

3. 현금을 주의해서 관리해서 기업이 또다시 위기에 몰리지 않게 하라.
Carefully manage cash, don't put the company in danger situation.

4. 직원들을 보살피되 무례하거나 합리적이지 못한 시도는 받아주지 마라.
Care people, but don't leave people rude & unreasonable.

5. 장기적으로 브랜드의 가치를 높이는 행동을 하라.
Act for long term brand value.

6. 브랜드를 신선하고 매력적으로 만들어라.
Make brand fresh and attractive.

7. 자신의 건강을 지켜라. Keep you healthy.

나도 나를 믿지 못했다

임원이 하지 말아야 할 7가지

1. 그 역할에 맞지 않는 사람을 그대로 두지 마라.
Don't keep unproper people.

2. 거짓 보고나 의도적인 지연 보고를 하지 마라.
Don't do false report and intentional delay of report.

3. 당신 자신의 이익을 회사의 이익보다 앞세우지 마라.
Don't prioritize your own benefit instead of company's benefit.

4. 기업의 명성에 타격을 가하는 행동을 하지 마라.
Don't give damage the company reputation.

5. 잠재적인 위험을 알면서 침묵하지 마라.
Don't be silent when you know any risk.

6. 편안하고 쉬운 상황에 안주하고 머물지 마라.
Don't enjoy seating in safe and easy situation.

7. 낮은 우선순위에 기업의 자원을 배정하지 마라.
Don't waist company money for lower priority.

임원들이여, 당신이 해야 할 7가지를 하는 한 기업과 함께할 임원이 될 것이고, 하지 말아야 할 7가지를 하는 한 일자리를 잃을 것이다. 당신 스스로 이와 같이 행동하고 당신의 직원들에게도 가르쳐라. 다음 임원들도 이렇게 행동하는 사람들 중에서 선임될 것이다.

후에 이 3명의 임원 중 2명이 두 기업의 CEO로 승진했고, 1명은 CFO로서 성과를 내며 역할을 성공적으로 감당하고 있다. 이들로 인해 영국의 사업부는 어려움 많았던 곳에서 안정적으로 성장하고 미래가 기대되는 사업부로 거듭났다. 코로나19라는 희대의 상황 속에서도 현금이 고갈되지 않고 위험을 적절히 관리하며 운영하고 있다.

결국 내가 한 것은 사람을 고르고 육성하고 적합한 자리에 세우고 지속적으로 의사소통하며 그들이 필요한 도움을 적시에 준 것밖에는 없다. 별거 아니라면 별게 아닌데, 쉽지만은 않다. 단 하나만 어긋나도 그때까지 쌓아 놓은 노력이 허물어지고 다시 시작해야 하는 일들이 반복될 수 있다. 그러니 나는 얼마나 큰 행운을 누린 것인지 그들과 하늘에 감사할 뿐이다.

왜 넉넉하지 못했을까

D

그때 대표는 CFO인 내게 전산담당을 해고하라는 지시를 내렸다. 일을 못해서도 아니고 역량이 떨어져서도 아니었다. 경비를 줄이겠다는 이유였다. 전산담당을 내보낸다 하더라도 그 역할이 없어서는 안 되기에 외주를 사용한다면 실제로 경비 절감은 미미할 수밖에 없다. 이 점을 알면서도 그룹에 직원 수를 줄였다는 보고를 하기 위해 그런 선택을 한 것이다. 재고해 주기를 요청했지만 받아들여지지 않았다. 그리고 난 전산담당자에게 회사의 결정을 통보하고 그와 해고 보상금을 협상하는 절차에 들어갔다.

대표가 나에게 준 가이드라인은 3개월 치의 보상금이었다.

하지만 기존에 이미 진행되었던 수차례의 전례들을 참고해 보건대 5~6개월이 보다 현실적이었기에 난 마음속으로 6개월 치를 마지노선으로 염두에 두고 있었다. 그리고 시간을 조금 더 가지고 대표를 설득하려 생각했다. 직원과의 첫 미팅에서 그는 9개월 치를 요구했다. 큰 갭으로 인해 조건에 대해서는 서로 격차를 확인하는 선에서 마쳤고, 분위기는 시종일관 긴장됐다. 그는 갑작스런 회사의 결정으로 당황했고, 왜 자신이 나가야 하는지 억울한 마음을 품고 있었다. 개인적으로 나를 잘 따르던 사람이었고, 합리적으로 일하던 사람이었기에 내 마음도 편치 않았다.

그리고 며칠 뒤 다시 만나서 두 번째 협상을 이어갔다. 그는 9개월에서 8개월로 양보했고, 나는 3개월에서 5개월로 양보하며 격차를 줄여 갔다. 그는 첫 번째 미팅보다는 한결 누그러진 태도를 보였지만 그래도 아직은 회사에 대한 서운함이 컸다. 나도 그가 그럴 수밖에 없다고 이해했다. 그와 식사를 하며 그의 마음속에 있는 서운함을 오랜 시간 듣고 또 들어주었다.

하지만 불과 며칠 뒤 인사팀장으로부터 그와의 해고 보상금 협상이 완료되었다는 소식을 전달받았다. 나와 세 번째 미팅을 하기 하루 전에 뜻밖에도 그와의 협상이 종결되었다는 소식에

나도 나를 믿지 못했다

누가 그 협상을 했는지, 어떤 조건으로 하기로 했는지 모든 것이 의문투성이였다.

인사책임자의 말에 따르면 하루 전인 일요일에 대표께서 전산담당자를 밖에서 따로 만나 본인이 희망하는 8개월 조건을 수용하기로 하고 협상이 종결되었다는 것이었다. 인사책임자와 나를 협상의 주체로 임명하고 대표는 어떤 사전 안내나 언질 한마디 없이 직접 직원과 협상을 진행했던 것이다.

우리에게는 회사가 어려우니 3개월 치 보상금으로 막아 보라는 지침을 주고는 우리가 건의한 6개월 치는 도저히 받아들일수 없는 무리한 요구라며 못마땅해하셨다. 그런 분이 정작 직접 나서서 8개월 치로 협상을 마무리한 것을 어떻게 받아들여야 할지 우리는 매우 난감했고 화가 치밀었다. 더구나 인사책임자의 하소연을 들으니 그 직원이 대표와의 면담 후 직원들에게 대표께서는 처음부터 8개월 치를 줄 마음을 가지고 있었는데, 인사책임자와 CFO가 중간에서 자신들이 인정받으려고 과잉 충성을 해서 본인의 보상금을 최대한 깎으려고 했다는 말을 퍼뜨리고 다니고 있다는 것이다.

이 상황에서 그 직원을 불러 놓고 사정이 여차저차해서 그랬다고 말하는 것은 얼마나 부끄러운 일인가…. 그는 단단히 오해하고 있고, 대표는 모든 사람을 그의 손바닥 안에 두고서 가지고 놀고 있고…. 이때부터 내 오기가 발동했다. 퇴사를 앞둔 전산 담당자의 마지막 한 달간 남은 근무시간을 철저히 원칙대로 준수시켰다. 그에게 일체의 여지를 주지 않았다. 두어 시간 다른 곳에 인터뷰를 보기 위해 시간을 달라면 휴가를 내게 했고, 출퇴근 시간을 칼같이 지키게 했고, 인수인계를 위한 업무 정리를 내 마음에 들 때까지 준비시키고 또 반복시켰다. 대충 마무리하고 싶었겠지만 철저히 관리 감독했다. 어차피 난 그에겐 과잉 충성을 하는 그런 임원일 뿐이니 이러는 것이 이상할 일도 아니라는 듯이 그를 밀착해서 관리했다.

내 행동은 간교한 술수를 쓴 대표의 교활함에 대한 분노에서 비롯됐지만, 더불어 꽤 긴 시간 동안 나와 함께 일하고도 그렇게 대표 한마디에 나와의 모든 신뢰관계를 헌신짝 버리듯 버린 그를 향한 분노이기도 했다. 그는 퇴사하는 당일까지 퇴근시간을 딱 채우고 나갔다. 일반적으로 직원이 그만둘 때는 일부러 건물 입구까지 나가 인사를 했지만, 그가 떠날 때 나는 내 방에서 나와 보지도 않았다. 그가 마지막 선물이라며 내 책상에 두고 간

음악 CD 한 장이 눈에 보였고 난 그조차도 다른 직원에게 주고 말았다.

지금 이 글을 쓰고 있는 나 자신이 얼마나 부끄러운지 모르겠다. 나는 그의 리더였고, 그는 나의 부하직원이었다. 내가 그에게 느낀 배신감, 아니 내 상사로 인해 상처받고 오해를 받았다 할지라도 내가 그에게 보였던 행동은 분명히 어린아이 같았다.

조금 더 자제할 것을, 조금 더 이해할 것을…. 그는 그 상황에서 자신의 불안한 앞날로 인해 마음의 여유가 없었을 텐데 그런 그의 불안한 마음을 헤아리기보다 내 감정이 더 우선이었던 미숙했던 나 자신이 무척이나 부끄럽다. 지금은 내 미안한 마음을 전할 방법이 없지만 그가 이 글을 보게 된다면 그땐 내가 정말 미안했다고 말하고 싶다. 오래전이지만 속 좁았던 내 행동을 용서하라고 부탁하고 싶다.

나는 편애하는 리더

        1935년에 걸출한 경영자인 마쓰시타 고노스케가 설립한 파나소닉이라는 기업이 있다.

1918년 전기소켓을 만드는 오사카 전등이라는 회사에서 일하다가 독립하여 마쓰시타 전기기구 제작소를 세운 것이 파나소닉의 시작이었다. 기업을 시작했을 당시 마쓰시타의 나이는 불과 24세였다. 마쓰시타는 포탄형의 자전거 램프를 고안해 '내쇼날 램프'라는 이름으로 출시했고, 크게 히트를 치면서 성장의 발판을 마련했다.

파나소닉은 1980년대에 제너럴일렉트릭ᴳᴱ과 더불어 세계 최대의 가전업체 중 하나로 그 명성을 떨쳤고, 1990년대까지 시가

나도 나를 믿지 못했다

총액 기준으로 일본 내 최대 가전업체로 군림했다.

그랬던 파나소닉이 2008년에 약 3,800억 엔(한화 약 4조 원)의 적자를 냈고 2011~2012년에는 연달아 7,000억 엔(한화 약 7조 원) 이상의 적자를 기록했다. 2008년 당시의 대규모 적자는 미국에서 시작된 리먼 사태와 엔고, 일본 대지진 등 주로 외부의 충격에서 기인했기에 외부환경이 나아질 경우 원래대로 회복이 가능할 것이라 믿었다. 하지만 2011~2012년의 실적 악화는 그런 성격의 것이 아니었다. 주력사업인 PDP 분야에서의 대규모 투자가 연속해서 실패함으로써 스스로 자초한 위기였다. 그 결과 파나소닉의 신용평가는 투기등급으로 강등되고 주가는 폭락했다.

위기 상황을 타개하기 위해 파나소닉이 선택한 경영자는 쓰가라는 사람이었다. 그가 2012년에 신임대표로 발탁된 후 팀을 구성해 초기 상황을 분석한 후 이사회에 이렇게 보고했다. "출혈이 멎지 않는다. 시급히 보통회사로 돌아가야 한다"는 절박한 내용을 담고 있었다.

파나소닉은 그와 더불어 매우 도전적인 새로운 길을 찾아 떠나게 된다. 주력사업을 완전히 새롭게 다시 선택하는 대담한 결정을 하고 실행하게 된다. 그렇게 살아나고 다시 성장했다.

내가 맡았던 턴어라운드 상황인 기업에서의 일이었다. 어느 날 커머셜 디렉터Commercial Director가 어두운 얼굴로 찾아왔다. 그리고 흡사 파나소닉의 쯔가가 이사회에 했던 출혈이 멈추지 않는다는 내용과 유사한 보고를 했다. 지난달 회사의 리테일 실적이 오히려 더 떨어진 것이다. 나를 비롯한 새로운 팀이 투입된 지 불과 한 달이 흘렀을 뿐이지만, 떨어지는 실적을 바라보고 있는 책임자의 마음은 조급할 수밖에 없었다. 그의 안색에서 상황이 얼마나 안 좋은지를 느낄 수 있었다.

영화 〈호스 위스퍼러Horse Whisperer〉에 등장하는 장면이다. 주인의 불찰로 큰 교통사고를 당해 몸도 크게 다쳤지만 심리적으로도 커다란 상처를 입어 사람에게 마음의 문을 닫은 말 한 마리가 있었다. 그 말과 소통하기 위해 말을 치료하는 전문가에게 데려가는데 그 남자가 말을 다루는 방식은 들판에 풀어놓고 다가가지 않고 말이 스스로 다가올 때까지 가만히 한자리에 앉아서 바라만 보는 것이었다. 영화관의 대형화면에서 해가 지도록 그 말을 묵묵히 지켜보기만 하던 그 남자의 실루엣을 바라보는 것은 감동 이상이었다.

말과의 소통만이 아니라 사람과의 소통도 그러하다. 파나소닉이 신임 경영자인 쯔가의 당혹감을 이해하고 당장은 출혈이 멈추지 않았지만 그럼에도 그의 능력을 믿고 기다려 준 것처럼 선택한 사람을 묵묵히 기다려 주는 것이 문제 해결의 시작이다.

편애하는 리더를 이야기하면서 소통을 이야기하는 것은 내가 말하는 이야기의 무대가 기업이기 때문이다. 기업은 가치라는 결과물을 만드는 조직이다. 기업은 가치라는 결과물을 만들기 위해 일을 맡길 사람을 선택한다. 다만, 선택한 분량에 따라 기다림의 분량이 달라진다는 점에서 영화와는 다르다.

기대하는 결과에 맞춰 이유를 가지고 사람을 선택하기에 기다림의 분량도, 대하는 방식도 다를 수밖에 없다. 사람이기에 받아야 할 인격의 존중 면에서는 다른 대우를 할 이유도 없고, 그래서도 안 된다. 하지만 맡긴 일의 종류와 경중이 다르기에 나타나는 대우의 차이는 당연할 수 있다. 그런 점에서 나는 편애하는 경영자였다.

그 기업에서 나를 찾아온 커머셜 디렉터는 어찌 되었을까? 그는 내가 이유를 가지고 선택한 턴어라운의 적임자였기에 6개월 동안 묵묵히 실적에 대해 말하지 않고 우리가 세운 전략에 따라 해야 할 일에만 집중하도록 격려했다. 한 번도 그에게 떨어지고 있는 리테일 실적을 빨리 끌어올리라고 압박하지 않았다. 오히려 그에게 리테일 실적에 둔감해지라고 권했다. 우리가 준비하고 실행하는 일들을 충실하게만 이행한다면 리테일 실적은 언젠가 분명하게 좋아질 것임을 누누이 말해 주었다. 그리고 리테일 실적은 3개월 만에 반등의 기미를 보이기 시작해서 7개월이 되는 시점에는 전년도의 수준까지 회복했다. 3년 연속 지속적으로 하향 곡선만을 그리던 실적이 3개월 만에 상향곡선으로 돌아서 7개월이 지난 시기에 전년도 수준까지 올라온 것은 그의 눈에는 기적처럼 보였다. 감격에 겨워 눈물을 보일 만큼 그는 좋아했다.

아무나 선택하지 않는다. 아무나 무작정 기다려 주지도 않는다. 나와 맞는 사람을 택하고, 그중에 할 수 있는 사람을 선택한다. 그리고 기다려 준다. 누구에게 기회를 줄 것인지, 어느 정도의 기회를 줄 것인지, 얼마만큼 기다려 줄지는 각자의 능력과 준비된 상황이 다르기에 모두 다를 수밖에 없다. 그것을 결정하는

나도 나를 믿지 못했다

것이 경영자의 일이다. 다른 수준의 사람들을 다른 방식으로 다루며 이끌어야 하기에 경영자가 취하는 행동은 때에 따라서 표면적으로 편애라고 비춰질 수도 있다.

그렇기에 누군가 내게 '당신은 편애하는 사람'이라고 말한다 해도 신경 쓰지 않는다. 기업 내의 리더는 고객을 위해 편애라는 오해를 받으며 살 수밖에 없는 사람인 것을 알기 때문이다. 편애는 하되 인격적인 차별은 하지 않는 것이 내가 원하는 내 모습이다.

따거와 함께 춤을

                                 첫 직장에서 부하직원들과 미친 듯
이 일도 했지만 놀기도 많이 놀았다. 1994년 겨울 그때도 연말결
산을 앞두고 거의 매일 밤을 새우는 강행군을 하던 중에 한 직원
이 지나가는 말로 동료에게 "저녁 먹고 좀 놀다 오죠. 한 시간 놀
고 오나 그냥 들어오나 어차피 밤을 샐 건데 좀 놀았으면 좋겠어
요"라고 말하는 것을 듣게 되었다. 생각해 보니 그 말이 틀린 말도
아니고, 나도 너무 스트레스가 쌓여서 뭔가 해소할 만한 것이 필
요하던 차에 그 말은 하나의 힌트가 되었다. 그날부터 바로 '놀자
모드'로 돌입했다.

    저녁 7시에 밥을 신속히 먹고 9시까지 노는 것을 일주일에 두

번 했다. 어떤 날은 노래방에 가고, 어떤 날은 볼링을 치고, 어떤 날은 만화를 보고, 어떤 날은 좀 여유로운 저녁을 먹고, 또 다른 날은 근처 대학 캠퍼스를 거닐며 커피를 마시고 왔다.

처음엔 직원들의 스트레스를 풀어 주려고 놀았는데 놀아 보니 제법 재미있어서 어느 순간부터는 내가 나서서 바람을 잡게 되었다. 노는 비용을 대느라 월급의 상당 부분이 깨지긴 했어도 그 덕에 모두 즐겁게 힘든 결산을 마무리할 수 있었다.

첫 직장을 떠난 후 그때의 후배들을 다시 만났다. 그들 입에서는 당시의 힘겨웠던 기억과 경험보다 함께 매주 두 번씩 놀았던 즐거웠던 시간들에 대한 추억이 의미가 컸음을 듣게 되었다.

한 직장에서는 연말 파티를 준비하는 프로젝트팀에게 어떻게 하면 직원들에게 가장 큰 즐거움을 줄 수 있겠는지 알아봐 달라고 했다. 프로젝트팀이 가져온 아이디어는 세 명의 임원이 보이그룹을 결성해서 춤 공연을 해 달라는 것이었다. '어, 이건 아닌데' 싶었지만 직원들의 즐거움을 위해선 무슨 아이디어든 괜찮다고 말한 내가 거부할 수는 없는 노릇이었다.

그날로 사장님과 영업임원을 데리고 주변에 있는 댄스학원에 가서 밤늦도록 춤을 배우고 연습했다.

오 마이 갓! 셋이 다 어쩌면 그리 나무토막 같은지…. 일도 좋지만 제대로 놀 줄도 알아야 할 이유를 그때 난 몸으로 깨달았다. 아무튼 우리는 공연 전날까지 3일간 몸치 탈출을 위해 몸부림을 쳤다(그건 춤이라기보다는 몸부림이었다. 누가 봐도…).

연말파티가 있던 날, 박지윤의 성인식에 맞춰 농염하게(?) 춤을 춰야 하기에 드레스코드를 검은색 양복으로 통일했고 구두도 검은색으로 통일했다. 그런데 변수가 발생했다. 사장님이 혼자 튀어 보겠다고 브라운 컬러의 말 장화를 들고 온 것이다. 오른쪽에 CFO인 나, 왼쪽에 영업임원을 거느리고 가운데서 혼자 말 장화 신고 한껏 스포트라이트를 받아 보겠다는 분을 두고 더 이상 무슨 말을 하겠는가! 그렇게 그분은 스타가 되기는 했다.

연말 파티장은 직원들의 폭소와 환호로 뒤집어졌고 그 3분의 공연이 어찌나 길던지 공연을 마치고 나서 우리 세 사람은 다시는 이런 무리수는 두지 말자고 의견일치를 보았다.

하지만 다음 날 출근해 보니 우리를 바라보는 직원들마다 큭큭거리며 웃음을 참는가 하더니, 점심시간에는 몰래 자기들끼리 모여서 뭔가를 보면서 박장대소하는 것이었다. 인사책임자

나도 나를 믿지 못했다

에게 "왜 저래?" 하고 물으니 날 몰래 방으로 데리고 들어가 뭔가를 보여 주었다.

유튜브에 업로드된 영상 속에서 나와 사장님, 영업임원이 희대의 명곡, 섹시함의 대명사인 성인식을 배경으로 누가누가 처절한가를 겨루듯 몸부림 치는 것이 버젓이 공개된 상황이었다.

웃어라, 웃어라~. 너희들이 즐겁다면 우리 세 사람쯤 만인에게 쪽 좀 팔린들 어떠리. 그런데 솔직히 인간적으로 그 영상을 5년이나 유튜브에 올려 두는 건 좀 너무한 거 아니야?

결국 영상을 내리는 은혜를 베풀어 주서서 지금은 볼 수 없지만, 당시 그 영상을 혼자 있을 때 이어폰 끼고 몰래 보았는데 아주 그냥 가관이더군. 눈을 뜨고 볼 수 없는 진풍경이더군.

'나 원래 안 그래~. 나 그래도 타고난 끼가 있는 사람이야. 예전엔 제법 부드러웠어~' 하는 욱한 마음이 들어서 댄스학원에 등록할까 심각히 고민했었다. 물론 M&A 등 굵직한 프로젝트들로 실행하지는 못했지만 그 영상의 충격은 꽤나 오래갔다.

한 직장에서는 직원들이 유난히 노래방을 좋아했다. 덕분에 최신 가요를 두루 섭렵할 수 있었지만, 젊은 애들과 놀러 다니느라 여기저기 따라다니다 보니 체력이 감당이 안 되었다. 그래서 어느 정도 지나고부터는 1차 식사를 마치고 2차 노래방에 가는 날이면 가서 한 곡 정도 부르고 슬금슬금 카드만 주고 빠져나오길 반복했다.

그런데 생각해 보면 젊은 직원들이 꼭 나이 든 날 데리고 노래방에 가서 놀고 싶어 한 것만으로도 고마운 일이더라. 자기들이 부르는 노래도 대부분 모르기에 추임새도 못 넣지, 편안한 분위기에서 놀기도 힘들 텐데 말이다. 아, 카드 때문이었구나. 내가 눈치가 없었네….

많은 분이 즐기는 놀이지만 내가 할 줄 모르는 것들이 제법 많다. 골프가 대표적인 것이고, 그 밖에도 테니스, 당구, 바둑, 등 그러고 보니 할 줄 아는 것을 말하는 것이 훨씬 빠를 것 같다. 예전에 한 상사가 골프를 배우라며 그렇게 강조했는데 배우지 않았다. 이유라면 내겐 업무를 배우는 시간과 자기계발의 시간도 부족한 상황에서 다른 나라의 이야기로밖에 들리지 않았기 때문이다.

그런데 그 후 시간이 날 만한 포지션으로 올라간 후에도 늘 나에겐 골프를 배울 시간이 나질 않았다. 그리고 깨달았다. 시

나도 나를 믿지 못했다

간이 없어서 골프를 배우지 못하는 게 아니라 골프가 내 우선순위에 없는 것이구나…. 그냥 치기 싫은 것이구나.

글로벌 기업들의 경우 그룹 본사에서 주최하는 컨퍼런스에 참가해 보면 종종 친목을 도모하기 위한 골프대회를 하는데 덕분에 난 참가해 본 적이 없다. 대신 그 시간에 시내를 돌아다니곤 했다.

솔직히 가끔 주변에서 많은 분이 골프를 치러 같이 다니는 것을 보면 '나도 배울 걸 그랬나' 하는 생각이 들기도 한다. 더구나 이탈리아와 영국에서 9년을 살다 왔기에 그 긴 시간 동안 골프의 종주국에서 한 번도 골프를 안 치고 온 것은 미련한 것이 아니었을까 하는 생각도 든다. 세상을 너무 모르고 내 식대로만 사는 것은 아닌지 살짝 걸리는 부분도 있다. 그럼에도 막상 배우라고 누군가 권하면 또 내키지 않는 청개구리가 되는 사람이 바로 나다.

그런데 만약 부하직원들이 나에게 같이 골프를 치고 싶다고 조른다면 난 아마도 어떻게든 시간을 내서 배우지 않았을까? 그들이 부르는 노래는 찾아서 같이 듣고, 그들이 보는 영화를 찾아서 보고, 그들이 말하는 이슈는 찾아서 알아보는 그런 열심을 가진 나는 상사에 대한 충성보다 부하직원들을 챙기고 그들을 이해하려는 마음이 월등히 크다는 점을 부인할 수가 없다.

대학 졸업 후 한국 기업에서 7년간 일하고 처음으로 외국계 투자기업으로 이직했을 때 절박하게 자기계발을 하느라 시간을 내지 못하기도 했다. 하지만 내 마음속 우선순위 때문에 상사들이 주말에 놀러가자는 제안에 응한 적이 한 번도 없을 만큼 난 상사의 마음을 풀어 주는 데 무딘 사람이었다.

그렇기에 뻣뻣한 부하인 날 참아 준 상사들께 진심으로 감사하고, 함께 놀고 싶어 하는 내 마음을 헤아려 재미도 없는 상사인 나와 같이 놀아 준 부하직원들에게도 감사하다.

"이 사람, 언제든지 놀 준비되어 있어요. 카드 지참하고 대기하겠습니다, 부하직원 여러분~."

나도 나를 믿지 못했다

그와 떠난 캠핑

"대표님, 한국에 잘 들어오셨어요? 14일간 격리하려면 힘드실 텐데 건강히 잘 버티시기 바랍니다."

절친한 후배가 문자메시지를 보내왔다. 그와 간단히 안부 문자를 주고받는데 뜬금없이 한 번도 하지 않았던 재미난 제안을 한다.

"대표님, 저와 함께 캠핑 가지 않으시겠어요?"

"캠핑? 좋지, 1박 2일로 가는 건가?"

"아니요. 2박 3일입니다."

"우리 둘이 가는 거야?"

"네. 둘이 2박 3일 캠핑을 가는 겁니다."

내가 마지막으로 캠핑을 간 게 언제였나 잠시 생각했다. 기억에도 가물거릴 정도로 오래전 이야기였다. 새로운 경험은 언제나 환영이지만, 그가 갑작스레 제안한 2박 3일의 캠핑은 상당히 의외였다. 때문에 선뜻 그러자는 대답이 나오질 않았다. '남자 둘이서 3일간 뭘 하지?' 하는 생각이 들기도 했지만 그가 그러자면 이유가 있을 터였다. 그래서 그날 그의 갑작스러운 제안을 받아들였다.

집으로 그가 차를 몰고 픽업하러 왔다. 그의 차는 제법 큰 SUV인데 2박 3일을 지내기 위한 짐이라고 보기에는 너무나 양이 많았다. 트렁크를 꽉 채우고 뒷좌석까지 완전 풀로 채운 짐의 양을 보니 입이 벌어질 정도였다. 그렇게 우리는 양평으로 향했다.

재미있으면서도 놀라웠던 것은 그가 선택한 야영지가 내 부모님의 산소가 있는 곳을 지나 차로 10분 정도 더 들어가는 곳이었다. 평소 성묘를 올 때면 '이 길로 계속 가면 어디일까?' 하며 지나는 말을 주고받았는데 그와 함께 그 길을 가고 있었다.

우리는 도착해서 텐트부터 설치했다. 어림잡아 6인용은 되고도 남을 충분한 크기였다. 그의 준비성에 혀를 내두르면서 차

나도 나를 믿지 못했다

근차근 그가 준비해 온 장비들을 텐트 안으로 날랐다. 숙소동과 주방, 거실이 나뉘어 있는 대형 텐트를 치고 장비까지 정리하니 좋긴 좋았다. 넓어서 여유롭고 거기다 겨울이기에 거실 가운데 석유 난로까지 준비해 두었으니 어찌 안 좋을까! 노동의 시간이 지난 후 우린 마주 앉아 내가 가져온 이탈리아 라바짜 원두로 에스프레소를 내렸다. 텐트 안에는 짙은 커피향이 가득히 퍼졌다.

그는 내 대학 후배이자 첫 직장의 후배이다. 하지만 대학에서도 직장에서도 그를 만난 적은 없었다. 그를 알게 된 것은 함께 다녔던 한 분이 인사책임자를 찾는 내게 그를 소개하면서였다. 난 그를 만나 보고 채용을 결정했고, 그는 나와 함께 일하기로 했다. 하지만 그가 합류하고 얼마 지나지 않아 내가 이직하는 바람에 함께 근무한 기간은 고작 3개월 정도였다.

늦게 맺은 인연이었지만 그와 나는 계속 연락을 주고받으며 지냈다. 선후배 간의 정이라기보다 맞는 사람을 만났을 때 느끼는 끌림이었다. 그도 나도 서로가 서로에게 좋은 영향을 주는 관계였다. 그리고 몇 년 후 난 다시 그를 스카우트했다.

그는 인사책임자로 필요한 결정적인 강점이 있었는데, 바로 사람들이 그에게 몰린다는 것이었다. 난 그것을 성실한 친화력이라고 부른다. 그냥 좋은 사람은 많다. 하지만 그 앞에서라면 마음의 빗장을 풀어헤칠 수 있을 만큼의 믿음을 갖게 만든다는 것은 결코 쉬운 일이 아니다. 하지만 그는 그런 면에서 탁월했다. 늘 사람들이 그에게 몰렸다. 언제나 그의 관심의 우선순위는 사람들이었다. 때문에 그는 직원들 개개인의 강·약점을 세세히 파악하고 있었다. 각 직원의 강점을 활용하고자 할 때면 그의 의견을 따르는 것이 안전했다.

깊은 신뢰를 주는 인사책임자를 갖는다는 것은 경영진에게 매우 중요하고도 유리한 포석이다. 인사책임자가 누구인가? 각종의 인사정책을 수립하고 실행하는 일의 주도권을 쥐는 사람이 아닌가. 채용, 배치, 인사이동, 평가, 보상, 교육, 복지 등을 실행해 가는 데 있어 직원들로부터 신망받는 사람이 그 중심에 있을 때 껄끄러운 일들도 부드럽게 진행된다는 것을 난 그를 통해 알게 되었다. 그만큼 그는 회사에서 중요한 인물이었다.

부서 차원에서도 그렇고 전사적으로도 그에게 고마울 수밖에 없는 것이, 그는 나를 비롯한 경영진과 직원들 사이에 있는 직급으로서만이 아니라 나이에서도 가교의 역할을 해 주었다. 그의 친화력과 친절함 덕분에 난 직원들에게 어렵지 않게 다가

설 수 있는 경영진이 되어갔다. 그리고 그때 이어진 인연의 끈은 10여 년이 흐른 지금까지도 유지되고 있다.

그와 함께 근무한 5년 남짓한 시간이 가장 행복했던 직장생활로 기억이 될 정도로 우린 만족하며 지냈고 기업은 성장했다. 하지만 기업이 성장하고 직원들이 늘어나고 대외적으로 인지도가 높아지자 대표이사가 인사부서에 더 깊이 관여하기 시작했다. 외부에서 고위직급 임원을 직접 영입해 오는데 왜 데려오는지 나를 비롯해 그 누구도 이유를 몰랐고 진척 상황도 몰랐다. 조직의 수장과 실무조직의 이해 간극이 점점 벌어지기 시작함을 느꼈다.

누구나 마음에 들어 오래 입는 옷이나 신발이 하나쯤은 있을 것이다. 5년, 10년, 15년, 경우에 따라 20년 이상 입는 옷과 신발도 있다. 하지만 그런 옷과 신발을 인식하는 시각은 하나가 아니다. 어떤 이들은 내 몸과 같은 것이라 부르지만, 어떤 이들은 낡은 것이라고 부른다. 둘 다 그 입장에서 옳다. 틀린 것은 없다. 보는 시각이 다를 뿐이다. 내 몸으로 부르는 이는 그 옷과 신을 오래됐기에 더 아끼고, 낡은 것이라 부르는 이는 여건이 되는 대로 새것으로 교체할 대상으로 본다. 전자에겐 낡은 것이 자산이고, 후자에겐 짐이다. 두 사람 모두 선택의 권리가 있고 결정의 권한이 있다. 각자 바라보는 관점대로 행하는 것을 문제라고 할 수는 없다.

자연적으로 흐르는 사람의 마음이 비단 옷이나 신발에만 해당되겠는가 사람에 대해서도 같다. 더구나 그는 오래 입은 옷과 같은 존재이다. 너무나 편안하고 몸에 맞는 옷, 하지만 세월이 오래 지나 보온력이 조금은 떨어진 그런 옷이다. 급변하는 IT 산업의 기업 입장에서, 그 수장에 있는 CEO 입장에서 의문을 가져 볼 수 있는 일이다. 그것을 모르는 바는 아니지만 대표가 인사책임자를 교체하자는 말을 꺼낸 순간부터 나는 두 달 동안 그 말을 따르지 않았다. 적어도 내 판단으로는 그의 공이 여전히 더 크다고 생각했기 때문이다. 내가 그의 입장이라고 해도 충분히 억울할 수밖에 없기에 그를 보내고 싶지 않았다. 하지만 대표의 결정을 마냥 거부할 수만은 없었고, 최종적으로 대표와 허심탄회하게 논의했다. 그리고 그의 뜻이 너무도 확고함을 확인했다. 그는 글로벌 무대에서 가장 주목받는 IT 기업 중 한 곳의 인사팀에서 인재를 데려오길 원했다.

그를 그렇게 보낼 수밖에 없었다. 그에게 이 사실을 통보하는

나도 나를 믿지 못했다

일은 내 몫이었다. 그를 데리고 삼성동에 있는 와인바로 갔다. 그곳에서 그는 못 마시는 와인을 취하도록 마셨다. 겉보기에 동요는 없었다. 그 모습이 더 안쓰러웠다. 담담히 받아들였고 날 원망하지 않았다. 오히려 자신에게 두 번이나 기회를 주어 고맙다고 했다. 자신이 좀 더 잘했다면 이런 일이 없었을 텐데 일을 이렇게 만들어 면목이 없다고 했다. 그와 헤어지고 돌아오는 택시 안에서 난 속으로 눈물을 흘렸다. 집에 들어서 아내를 보자 왈칵 참았던 눈물이 쏟아졌다.

그가 주관한 마지막 전체 직원 워크숍 마지막 날, 그가 날 찾아왔다. 우린 맥주를 한잔 나누며 서로 마주 보았다. 그가 갑자기 고개를 숙여 땅을 바라보았다. 어깨를 들썩이며 울고 있는 것을 보며 다가가 안아 주었다. 그렇게 그는 회사를 떠났다. 그리고 2년 뒤 나도 떠났다.

익숙해진다는 것은 아름다운 것이자 슬픈 것이기도 하다. 인간이 모순덩어리이기에 누구의 인생에서나 흔하게 그런 일은 벌어진다. 익숙하고 편하기에 소중함이 약해지는 모순 속에서 우리는 살고 있다. 그렇기에 그것이 그리 이상할 일도 아니다.

기업은 성장했고 경영의 조건은 빠르게 바뀌었다. 신속하게 변하지 않으면 안 된다는 위기감으로 리더는 중압감을 느낀다. 그럴 때면 늘 입던 옷과 늘 신던 구두가 낡게 느껴지는 것처럼 지금까지 소중했던 사람도 그럴 수 있다. 누구의 잘못도 아니다.

2박 3일 동안 그는 열심히 요리를 했다. 배가 터질 정도로 먹고 또 먹었다. 와인도 두 병을 들고 가서 유쾌하게 즐겼다.

"그런데 왜 캠핑을 오자고 한 거야?"

"아, 이유요? 대표님이 근 10년 만에 한국으로 돌아오신 거잖아요. 조용히 한적한 곳에서 자연을 보며 호흡하고 생각할 시간이 필요하실 것 같아서요."

그래, 저렇게 섬세하고도 결이 곱게 사람의 마음을 헤아리는 사람이 그였다.

"이제 형님이라 불러야겠어요. 형님께 감사를 제가 전할 방법이 이것밖에는 없더라고요."

우리는 늦은 밤까지 많은 이야기를 나누었다. 회사를 나온 후 다른 기업에서 지냈던 이야기, 헤드헌팅 일을 시작했던 이야기, 지금의 근황, 가족에 관한 이야기, 그리고 그가 많이 아팠던 이야기 등 시간 가는 줄 모르고 이야기는 이어졌다. 그는 지금은

나도 나를 믿지 못했다

헤드헌팅 기업에서 본부장으로 유능하게 인정받으며 일하고 있고 업계에서도 나름 유명세를 쌓아가고 있다는 것을 알고 있기에 그를 바라보는 내 마음엔 흐뭇함이 넘쳤다.

내게 고맙다는 말을 습관처럼 하는 그를 보며 생각했다. 언젠가 또 한 번의 기회가 주어진다면 그를 또 영입해야지. 하지만 그에게 끝끝내 내 마음속에 있는 이 한마디는 하지 못했다.

"아우야, 회사에서 너무 편한 사람이 되지는 마라. 아니, 회사를 적절하게 긴장시키는 사람이 되어 보도록 해. 그래서 그때 같은 일을 다시는 겪지 마."

이 말을 못한 이유는 만일, 그가 내 말대로 산다면 이미 그가 아닐 것이기 때문이다. 그가 그렇게 사는 것은 그만의 방식이다. 역설적이게도 그것이 그를 그답게 만드는 방식이고 그의 고유한 강점이다. 그의 모습 그대로, 그의 방식을 아껴 주는 곳에서 그가 행복하길 바랄 뿐이다.

3부

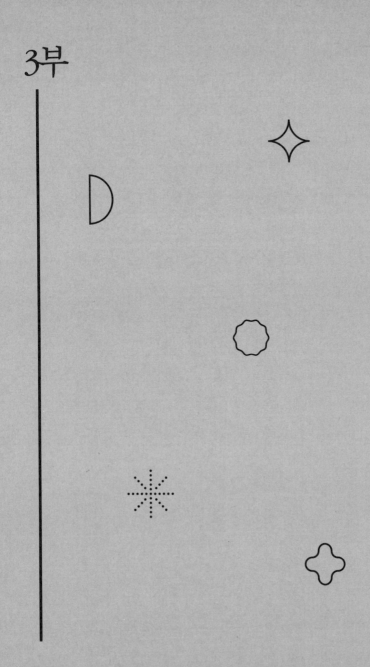

사람을 성장시키다

사람을 향한 집념

텀블벅에서 글씨당의 김소영 작가
가 가훈을 자신만의 필체로 써서 족자로 제작해 주는 펀딩 프로젝
트를 진행했다. 그 프로젝트를 보는 순간 하고 싶었다. 그리고 곰
곰이 생각해 보았다. 어떤 문구를 족자에 걸어 둘 것인가? 그런데
얼마의 시간이 지나지도 않아서 한 문구가 생각났다.

"깔 테면 까라, 내가 포기하나."

어떤 분은 이 문구를 사자성어로 '깔까내포'라고 부르며 재미
있어 했고, 어떤 친구는 집에 왔다가 이 글을 보고 이게 뭐냐며
한참 웃기도 했다. 하지만 이 글이 약간 장난스럽고 과격해 보
이는 부분이 있지만 내가 삶을 살아가는 데 있어서 품고 있는 마

음을 표현하기에 부족함이 없다고 생각한다.

마지막 파트인 '사람을 성장시키다'를 시작하면서 첫 번째 글 제목을 '사람을 향한 집념'으로 잡았다. '깔까내포'는 장난스럽게 보이는 글이지만 오랜 세월 동안 살아오면서 내가 품었던 정신을 표현한 눈물 젖은 글이며, 리더로서 내 정체성을 나타내 주는 말이기도 하다.

내가 직장생활 2년 만에 작은 팀의 리더로 역할을 시작하기 전부터도 난 스스로 이 말처럼 살아왔다. 내 리더십의 정체를 한마디로 말한다면 '사람을 향한 포기 없는 집념'이라 부를 수 있을 것이다.

리더십은 리더가 갖는 리더로서의 기준과 방식이기에 리더들마다 각각 다른 것이 지극히 당연하다고 생각한다. 그것에 정답이 어디 있을까? 그렇기에 내가 쓰고 있는 이 내용은 김성호의 기준과 방식으로 이해하면 될 것 같다. 이 글에서 김성호의 기준이며 방식인 '사람을 향한 집념'에 대해 간략하게 설명하려 한다.

나도 나를 믿지 못했다

사람을 향한

피터 드러커는 "경영이란 사람에 관한 것이다"라고 말했다. 리더도 사람이고, 팔로어도 사람이다. 사람이 사람을 만나고 영향력을 주고받는 관계에서 리더십은 나타나기에 사람에 대한 관점으로부터 출발한다.

내가 아는 한 사람만큼 시간이 오래 걸리는 대상이 없다. 한가지 습관을 바꾸는 단순한 일도 너무나 오래 걸리고, 생각을 바꾸려 한다면 그보다 더 오래 걸리는 것이 바로 사람이다. 외국속담에 "하얀 개꼬리를 땅에 묻으면 검게 변할 수는 있어도 사람은 변하지 않는다"라는 말이 있을 정도로 사람은 잘 변하지 않는다. 이는 우리가 매우 흔하게 듣는 말인 "사람은 고쳐서 쓰는 것이 아니다"라는 말과 일맥상통하는 말이다.

리더십이 사람에 대한 관점에서 출발한다고 했을 때 그 사람이란 존재는 다음의 특성을 염두에 두어야 한다는 것이다.

첫째, 사람은 긴 시간이 걸리는 존재이다.

둘째, 사람은 변하기 어려운 존재이다.

이 두 문장을 염두에 두고 난 리더로서 사람을 만난다. 긴 시간이 걸리는 일이기에 내가 그와 함께 긴 시간을 갈 수 있는 자신이 있어야 한다. 그러니 나의 사람에 대한 선택은 신중할 수밖에 없다. 긴 시간을 함께 갈 마음으로 사람을 택해야 한다. 따지고 보면 모든 인간관계가 그렇지 않을까? 상업적인 조직에서 만나지만 그 근간을 흐르는 사람 간의 관계는 우리가 의식하지 못하는 사이 이미 긴 관계로 이어져 가는 것은 매우 일반적이다. 하물며 리더와 팔로어로 만나는 관계가 짧을 수는 없는 것이다.

긴 시각으로 사람을 본다는 의미는 두 가지 형태의 외향적 모습으로 나타난다. 첫째는 택함에 있어서 신중한 태도이고, 둘째는 나와 맞는 사람을 택하는 모습이다. 오래갈 관계이기에 나와 맞아야 한다. 리더십이 어려운 부분이 바로 여기서도 나타난다. 리더는 나와 맞는 사람을 택한다. 그 말을 다르게 해석하면 리더는 자기 수준에 맞는 팔로어를 택한다는 의미가 된다. 리더가 성숙하지 못할 경우 그의 사람 택하는 수준은 딱 거기까지일 수밖에 없다는 것이다.

리더는 스스로 성숙해야 할 책임을 갖는다. 실력의 성숙과 인격적 성숙 면에서 모두 노력해야 한다. 특히 인격적으로 성숙하지 못한 리더가 이끄는 조직은 정신적으로 구심점이 약한 모습을 보인다. 사람은 변하지 않는다는 사실을 인지한다면 리더십의 목적은 그 사람을 변화시키는 것이 아니라 성장시키는 것임을 인정하게 된다. 리더는 누군가를 변화시키는 사람이 아니다. 누군가의 성장을 자극하고 성장하도록 돕는 것이다. 변화는 성장의 과정에서 본인이 하는 것이다. 즉 변화해서 성장하는 것이 아니라, 성장하면 변화한다는 것이다.

요약하면 이렇다. 사람을 성장시키는 것이 리더십인데, 사람의 특성상 오래 걸리는 일이다. 때문에 내가 긴 시간 동안 함께하며 감당이 가능한 나와 맞는 사람과 하는 것이 리더십이다.

아무나 택하지 않는다. 아무나 키우지 않는다. 아무에게나 기회를 주지 않는다. 공평, 평등 이런 말에 얽매일 필요가 없다. 그냥 나와 맞는 사람, 내가 보기에 성장 잠재력이 큰 사람을 고르는 것이고 긴 시간 동안 그의 성장을 돕는 것이 리더인 것이다. 이런 관계를 '인연'이라고 말할 수 있을지도 모르겠다.

이런 전제 없이 모든 사람에 대해 포기하면 안 된다고 하거나, 모든 사람에 대해 집념을 가져야 한다는 것은 매우 허황된 일이다. 나는 그렇게 생각하고 행동해 왔다.

집념

내가 말하는 집념은 몇 가지 특징적인 단어를 포함하고 있다.

- 주도권
- 의사소통
- 기다림
- 포기하지 않음

주도권

'내가 저 친구를 주인공으로 만들겠다' '내가 저 친구가 중심에 우뚝 서게 만들겠다'라고 마음먹는 것이 주도권의 시작이다. 이런 마음은 리더의 역할이 철저히 사람을 키우는 것임을 느끼지 못하는 사람은 따라 할 수 없는 것이다.

사람을 왜 키우는 것인가? 그것만이 기업과 비즈니스의 영속성을 가져오기 때문이다. 우리가 이 세상에 태어날 때 부모와의 만남에서 시작해서 세상을 떠날 때 가족의 품 안에서 떠난다. 개인의 일생을 보면 사람이 시작이고 끝이다. 기업도 인생과 마찬가지로 사람으로 시작해서 사람으로 끝난다. 그렇기에 사람을 키운다는 것은 기업의 존재방식이다. 사람은 철저히 주도적일 경우에만 성장이 가능하다. 성장의 궁극적인 목표점은 그를 주도적으로 만드는 것이다.

너무나 자주 이런 질문을 받는다.

"우리 회사는 규모가 너무 작아서 사람이 없어요. 키우고 싶어도 인력 구성이 너무나 열악합니다. 이런 상황에서 주도권을 주는 것은 무책임한 것 아닐까요?"

맞다! 준비가 안 된 사람에게 무작정 주도권을 넘기는 것은 무책임한 것이다. 하지만 그런 당연한 답을 얻기 위한 질문이 아니라 이런 질문을 먼저 해야 한다.

"주도적인 사람이 우리 회사에 필요하다고 생각하는가?"

"우리 회사의 우선순위에 사람이 있는가?"

"사람을 성장시키기 위해 난 어떤 대가를 치를 준비가 되어 있는가?"

키우고 안 키우고는 리더의 마음이고 선택이다. 그 또한 맞고 틀린 선택은 없다. 주도권의 본질은 의사결정권이다. 기업 내에서 두 가지 자원인 사람과 돈에 관한 결정권을 갖도록 만드는 것이 주도권을 주는 것이다. 리더로서 누군가를 키울 때 최종 목적은 그에게 돈과 사람에 대한 의사결정을 그가 하도록 만드는 것이다. 다른 말로 하면 예산집행권과 인사권을 넘기는 것이라고 말할 수 있다.

조금 더 피부에 와닿는가? 당신이 사람을 키울 때 이런 마음과 목표하에 키워야 한다는 것이다. 내 돈과 내 조직의 사람을 맡길 수 있는 사람을 키우는 것이다. 때문에 신중히 선택해야 하고, 선택한 후에는 집중적으로 키워야 한다.

의사소통

누군가를 키우는 데 있어서 목표점이 주도권을 주는 것이라면, 그 과정에서 꼭 따라가야 할 방법론이 바로 의사소통이다. 소통의 기본은 쌍방향이다. 상사나 부하 모두 자신의 생각과 의견을 자유롭게 나눌 수 있어야 한다. 때문에 둘의 관계가 껄끄럽거나 불편하거나 냉랭하거나 무서우면 안 된다. 코칭에서는

나도 나를 믿지 못했다

이것을 '라포'라고 부르는데, 이 라포 형성의 수준에 따라 코칭의 성패가 좌우된다고 해도 무방할 정도로 중요하다. 리더라면 이 부분을 반드시 돌아보아야 한다.

"내 조직은 쌍방향 소통을 잘하고 있는가? 부하직원은 내게 자유롭게 의사표현을 하고 있는가?"

이것을 돌아볼 줄 아는 리더가 성숙한 리더이다.

소통의 방식 중 정말 중요한 것이 두 가지라고 생각하는데 맥락과 반복이다. 리더가 생각을 많이, 깊이 해야 하는 이유는 팔로어에게 맥락을 전해 주기 위함이다. 시작과 끝을 생각해야 한다. 과거와 지금, 나중을 생각해야 한다. 원인과 결과를 생각해야 한다.

맥락 가운데 전달하는 것이 습관화되어야 한다. 맥락을 전해 준다는 것은 팔로어를 주인으로 만드는 가장 빠르고도 좋은 방법이다. 주인이 왜 주인인가? 전후 사정을 알고 전체 그림에서 결정을 내리는 존재가 바로 주인이다. 때문에 내가 맥락을 이해하고 팔로어에게 지속적으로 맥락을 전달하는 것은 절대적으로 필요한 육성 방법이다.

이 원칙은 머리로는 알면서도 실행은 매우 어려운 것이다. 우선 리더라도 맥락을 이해하기가 쉽지는 않다. 안다고 해도 전달하기도 쉽지 않다. 귀찮기도 하고, 뭐 그리 복잡하게 할 필요가 있나 하는 '유난 떨지 말자'라는 마음이 들기도 한다. 하지만 맥락을 알 때에만 팔로어는 생각과 관점이 성장하고 궁극적으로 결정할 수 있는 힘이 늘어간다. 리더로서 자신이 책임지고 있는 부문에 대해서만이라도 맥락을 먼저 충분히 이해하고 팔로어에게 그 맥락을 설명하며 육성해야 한다.

맥락을 스스로 익히고 잘 전달하는 내가 아는 유일한 방법이 있다면 반복이다. 내가 이해가 될 때까지 반복하는 것이다. 생각하고 정리하고 설명하는 것이다. 팔로어가 그렇게 될 때까지 하는 것이다. 맥락은 반복할 때 더 선명하게 이해된다. 반복은 아둔해서 하는 것이 아니다. 더 확실해지기 위해 하는 것이다.

기다림

기다림의 태도는 리더로서 나의 연약함을 극복해 가는 과정의 또 다른 이름이다. 기다리는 것이 쉬운 사람은 세상에 없다. 더구나 우리가 흔히 보는 기업의 리더들의 보편적인 특징이 급

나도 나를 믿지 못했다

한 성격인데, 그들에게 기다림을 이야기하면 '웬 배부른 소리?' 라는 반응을 보일지도 모른다.

하지만 세상에 기다림 없이 되는 일이 얼마나 있는가? 부모는 아이를 얻기까지 꼬박 열 달을 기다린다. 그 아이가 걷기까지 또 1년을 기다린다. 아이가 배움을 시작하기까지 몇 년을 기다리며 사회에 나와 홀로 서기까지 많은 햇수를 기다린다. 기업도 한 가지 사업을 만들어 내기까지 얼마나 오랜 시간을 투자하며 노력하고 기다리는가! 농부들도 수확물을 얻기까지 기다린다. 기다림 없이 되는 것은 없다.

그냥 기다리는 사람도 없다. 리더도 그냥 기다리지는 않는다. 팔로어가 결정권자로서 주도권을 갖도록 그의 수준을 올리며 기다린다. 난 이런 마음과 접근법을 '가랑비 전법'이라고 부른다. 나와 일한 사람들은 "가랑비에 옷 젖듯 하라"는 말을 정말 많이 듣는다. 가랑비는 오는 듯 마는 듯 내리지만 시간이 지나면 흠뻑 젖는다. 사람의 성장은 이렇게 된다는 것이다. 의사소통도 이런 마음으로 해야 하며 기다림도 이런 자세로 해야 한다. 기다림과 성숙은 비례한다고 나는 생각한다.

포기하지 않음

인사人事만큼 어려운 것이 또 있을까 싶다. 많은 인사이동이나 결정이 실패하거나 뚜렷한 성과를 내지 못하는 경우가 허다하다. 턴어라운드의 성공 확률이 10퍼센트라고 알려져 있고, 벤처투자의 대박 확률은 그보다 훨씬 낮다고 알려져 있다. 세계적인 야구 타자의 안타율도 세 개 중에 하나 정도가 성공하는 확률인 3할대이다. 매장을 운영해 보면 들어오는 손님 중 물건을 사는 확률인 구매전환율이 10퍼센트면 아주 훌륭하다고 본다. 우리가 접하는 현실은 아이의 영어 중간고사 점수처럼 100점이 가능하지 않다. 인사도 그렇다. 적임자라고 생각해서 그 자리에 누군가를 배치하지만 실패하거나 그저 그런 결과로 돌아오는 경우가 너무나 많다. 그만큼 어렵다는 것이다.

하지만 사람에 대한 관점에서 설명했듯이 긴 시각으로 본다면 성공 확률을 높여 갈 수 있다. 자꾸 짧은 단면으로 바라보고 판단하기에 실패처럼 보이지만 길게 보면 사람은 성장한다. 그리고 그 성공 확률은 상당히 높아진다.

포기하지 않는다는 것은 두 가지를 말한다. 긴 시간으로 보며 지금의 팔로어를 포기하지 않고 키워 간다는 것이 그 하나이며,

팔로어가 이탈하거나 부득이 실패로 결론이 난다 하더라도 다시 새로운 인재를 대상으로 육성 작업을 하는 것을 포기함 없이 한다는 것이 그 두 번째이다.

사람을 키운다는 것, 이것이 내가 해 온 일이고 앞으로도 하고 싶은 일이다. 그것이 내게는 가장 보람된 일이기 때문이다.

나에게 생각하는 시간이란

"다섯 개의 법인을 잘 경영하기 위해 법인장님이 가장 중요하게 여기는 것은 무엇인가요?"

어느 날 부하직원이 출장길에 나에게 이런 질문을 던졌다. 어렵지 않게 대답했다.

"생각하는 시간을 충분히 갖는 것이지."

우리나라에서 더욱 유명한 로댕의 '생각하는 사람'이라는 조각 속의 생각하는 그 남자는 '내가 옷을 어디에 뒀더라?'를 그리도 골똘히 생각하고 있다는 어릴 적 농담을 기억한다. 우리는 모두 생각하기를 좋아하기 때문에 로댕의 조각에서 느껴지는 느낌에 공감한다. 그것이 바로 내 모습이고, 내 일상이기 때문이다. 비단 경영자 생활을 하는 동안만이 아니라 사회생활 내내 난 다음의 패턴을 습관처럼 사용했다.

이슈 ⇨ 생각 ⇨ 노트 ⇨ 나에게 설명 ⇨ 타인에게 설명 ⇨ 생각의 발전 ⇨ 의사
소통 ⇨ 실행

이런 이야기를 하면 이론적 백그라운드를 알려 주길 기대하는 분도 있던데, 그런 것은 없다. 그냥 나 혼자 발전시켜 온 습관 같은 것이다. 좀 더 현실적으로 와닿도록 최근의 모습을 설명하겠다.

한 기업의 턴어라운드를 실행하기 위해 들어갔다. 팀과 더불어 상황을 파악한다. 그 상황을 기록한다. 숙지하며 마음속으로 익힌다. 나아갈 방향에 대해 서로 토론한다. 그리고 난 혼자 생각하는 시간을 갖는다. 그 시간을 제법 길게 갖는다.

내 생각의 방식은 방에 커다란 페이퍼보드를 걸어 두고 그곳에 생각나는 대로 적어 보는 것이다. 지금 우리의 상황을 적어 본다. 내가 생각하는 원인을 적는다. 중·장기적으로 나아갈 방향을 적어 본다. 핵심 과제들을 생각나는 대로 적어 본다. 조직

도를 새롭게 그려 본다. 핵심 과제들을 일정별로 배열해서 시각화한다. 주주의 기대사항을 적는다. 그에 대한 나의 대답을 적는다. 주주에게 받아낼 약속들을 적는다.

생각을 손으로 우선 정리하는 시간을 충분히 갖는 것이 내게는 너무나 중요하다. 손으로 커다란 종이 위에 룰이나 패턴 없이 적어 간다. 그리고 그 장을 떼어 책상에 펼쳐 두고 다시 조합하며 기록한다. 이렇게 반복하다 보면 생각의 얼개가 맞춰진다. 그러면 그것을 나에게 읽어 준다. 혼자 입으로 귀에 설명을 하는 것이다. 이 시간을 통해 생각이 논리적으로 정리된다.

그리고 팀을 부른다. 그들 앞에서 내가 정리한 생각을 설명한다. 그리고 토의한다. 그 토의시간에 다시 기록이 수정된다. 수정된 기록을 또 혼자 읽어 본다. 필요할 경우 수정과 토의 과정을 또 거친다. 그리고 정리된 대로 실행에 들어간다.

내가 거쳐간 곳은 모두 관리자의 방에 커다란 페이퍼보드가 붙어 있고, 모여서 함께 토론하는 모습이 일반적이었다.

영국으로 턴어라운드 경영을 실행하러 이동했을 때 이런 패턴을 거쳐 3페이지의 전략서가 만들어졌고, 그 전략서는 직원들

책상에 붙어 있었다. 회사는 3년간 그 전략서를 토대로 움직여 갔다.

그 전까지의 모습은 긴 분량으로 정말 많은 내용으로 온갖 좋아 보이고, 그럴듯한 것들이 가득했지만 그런 몇십 페이지의 전략서를 펼쳐 두고 그대로 실행해 간 경우가 없었다. 때문에 만드는 전략서와 실행은 별개의 것으로 취급하는 습관을 가지고 있었다. 하지만 내가 요구했던 것은 철저히 실행할 전략서였다. 철저히 실행할 전략서라는 단서를 달려면 당연히 전략서는 명료해야 한다. 실행 포인트가 명료하게 인지되어야 하고 결과와 비교도 쉬워야 한다.

다른 기업의 턴어라운드를 맡았을 때도 같은 패턴을 따라갔다. 한 달 동안 상황 파악과 정리를 통해 준비된 전략서를 전 직원과 4회에 걸쳐서 나누고 또 나눴다. 그리고 6개월간 실행 후 결과를 가지고 전략서의 내용과 비교해서 다시 설명하며 나눴다. 6개월 단위로 그렇게 업데이트된 설명과 나눔이 이어졌다.

이런 이유로 난 "법인장님께 가장 중요한 것은 무엇인가요?"라는 질문을 받았을 때 주저 없이 '생각하는 시간'이라고 말할 수 있었다.

나는 생각한다. 머리만이 아니라 손과 입으로 생각한다.

혼자 생각하는 것으로 출발하지만 이후 멤버들을 초대하여 같이 한다. 그리고 다 같이 실행한다. 실행한 결과를 중간중간 평가하여 우리의 생각이 맞았는지, 바꿀 생각은 없는지 돌아본다. 이런 과정을 반복하다 보면 생각보다 빨리 길이 보이고 열린다.

당신의 과거가 어떠했든 당신의 미래가 어떠하든 간에

당신의 내면에 무엇이 있는지가 그보다 더욱 중요하다.

-랄프 왈도 에머슨

시작과 마무리는 리더의 몫

D

        일본 시장은 오래전부터 우리의 최대 해외시장이었다. 하지만 최근 수년간 하락 속도가 무서울 정도로 가파르게 진행되어 왔고, 그 추세를 되돌리는 것이 당면 과제였다. 더구나 일본 시장에서의 사업 성공은 중요한 인근 두 시장인 한국과 중국에 지대한 영향을 미칠 것으로 기대되기에 그 시장에서의 회복에 더욱 공을 들일 가치와 이유는 차고도 넘치는 상황이었다.

    대표로 취임한 이후 먼저 방문한 해외 시장은 한국, 중국 그리고 일본이었다. 그중에 이미 사업이 오래전부터 진행 중인 시장은 일본이 유일했다. 일본 내 단독 판권을 보유 중인 디스트리뷰터와의 미팅을 통해 일본 시장에서의 점유율 확대 방안을 논의하려고 몇 차례 미팅을 가졌으나, 아쉽게도 명확한 비전이나 뚜렷한 대안이 나오질 않았다. 매우 긴 시간 동안 디스트리뷰터로 활동해 오면서 이제는 익숙해질 대로 익숙해져서 성장에 대한 간절한 의지도, 도전도 하지 않는 모습을 보며 근본적인 변화가 필요함을 느꼈다.

때마침 미국 사업부에 있는 친한 동료 한 분이 일본의 한 대기업에서 내가 맡은 브랜드와의 사업 가능성을 문의해 왔다는 관심이 가는 소식을 전해 받고 그들과 접촉했다. 일본 출장길에 그들을 만나서 그 관심의 정체를 확인해 보니 그냥 찔러보는 수준은 아닌 것 같았다. 본격적으로 진전시키기 위해서 내가 내건 조건은 책임자가 영국으로 와서 협상해야 한다는 것이었다.

영국의 전통을 가진 브랜드로 우리가 가진 해리티지의 감성은 본토에 와서 눈으로 손으로 가슴으로 느껴 보지 않으면 제대로 알 수 없는 것이다. 그리고 브랜드에 대한 피상적인 앎이 아니라 뿌리부터 이해하는 그런 앎이 없이 사업의 파트너로 삼고 싶지 않다는 의미에서 영국으로 와 달라고 요구한 것이다. 그분이 영국으로 건너오기까지 더 이상의 진행은 하지 않았고, 그분은 다른 일정을 모두 조정하면서 즉시 영국으로 날아왔다.

그와 2박 3일을 함께 지내며 상대의 기업에 대해 깊이 있는 소개를 듣고, 우리 회사에 대해 단순히 역사만이 아니라 정신, 문화, 사업적으로 그동안 만들어 온 발걸음을 모두 나누는 좋은 시간을 가졌다. 창고에 가서 둘이 수십 년간 만들어진 샘플들을 살펴보기도 하고 짧은 여행을 하며 사업에 대한 서로의 비전도 나누었다. 그리고 그가 가지고 있는 생각과 비전이 나와 상당히 유사하다는 것을 알게 되었다.

내가 그에게 질문했다. "앞으로 함께 일할지 안 할지 모르는데 일본에서 이 먼 영국까지 와 달라는 무리한 요구를 바쁜 일정을 뒤로 미루면서까지 들어주신 이유가 무엇인가요?"

그는 대답했다. "저희 회사는 일본에서는 규모나 영향력 면에서 최상위권에 있죠. 때문에 저희가 거래하고 싶다면 대부분의 브랜드는 매우 적극적으로 하자고 합니다. 하지만 당신은 제가 영국으로 와야만 협상을 시작할 수 있다는 조건을 걸었습니다. 전 오히려 그 점이 마음에 들었습니다. 당신과 사업을 하고 싶다면 당신 기업을 더 깊이 이해하는 노력을 해야 한다는 것을 깨닫고 만사 제치고 왔습니다."

그와 나는 대략적인 조건에 대해서 구두로 정리해가며 합의했다. 우리 둘 모두 목표는 일본 내에서 우리 브랜드가 다시 매력적인 것이 되도록 제품과 마케팅, 유통망 등을 재정립하는 것이었다. 그는 그 과업을 가장 잘할 수 있기 위해 필요한 요청사항을 말했고, 나는 우리가 원하는 결과를 연보별로 정리해서 요구했다.

영국에서의 첫 협상을 성공적으로 마친 후 난 일본으로 매달 출장을 갔다. 이유는 디스트리뷰션 계약을 신속히 마무리하기 위해서였다. 계약서 초안을 작성한 이후 서로 몇 차례의 수정을 거쳐 최종계약이 완료되기까지 채 3개월이 걸리지 않았다. 그 업체는 대단히 놀랐다. 그룹 내 다른 기업들과 몇 차례 계약을 체결해 본 경험상 계약을 마무리짓는 데 일반적으로 6~8개월이 소요됐던 경험과는 달리 첫 만남부터 최종계약 종결까지 3개월이 걸리지 않은 초고속 절차를 밟은 것이다.

최종 계약서에 서명하기 바로 전, 난 일본으로 또 한 번 날아가 기존 디스트리뷰터의 대표를 만났다. 고령의 사장님께서는 서운함을 감출 수 없는 표정으로 말을 이어가지 못했다. 우리와 수십 년을 함께한 그분의 마음이 어땠을지는 능히 짐작이 갔지만, 바뀐 현실을 서로 받아들일 수밖에 없었다. 그리고 그분은 커피를 마시며 말했다.

"계약해지에 대해 대표님께서 직접 이 먼 길을 오셔서 직접 말씀해 준 것에 깊이 감사합니다. 제가 귀사를 위해 노력해 온 것에 대해 파트너로서 존중받은 느낌이며, 비록 지금은 헤어지지만 귀사와 다시 일할 수 있는 날이 오기를 바라겠습니다."

우리는 악수를 하고 헤어졌고, 난 영국으로 돌아가서 곧바로 영국의 전통이 담긴 패션 아이템을 골라 감사의 메시지를 첨부해 그분께 보내 드렸다.

시작과 마무리는 리더의 몫인 경우가 많다. 그렇기에 새로운 도전을 시작하는 것도, 가던 길을 마무리하거나 방향을 전환하는 것도 리더가 키를 쥐고 있거나 운전대를 잡아야 하는 경우가 자주 발생한다. 리더가 이러는 것은 실무를 책임지기 위함이 아니다. 변화는 언제나 어려운 과업이기에 변화가 비즈니스의 현장에서 현실로 안정화되기까지 전사적인 힘과 에너지, 관심을 집중시키기 위함이다.

질문하지 않을 자유를 주기

"네 멋대로 하지 말고 물어보란 말
이야."

"내가 이쪽 일만 15년 이상 했으니 얼마나 많은 케이스를 봤
겠냐고. 현실적으로 나타날 수 있는 경우의 수를 대부분 알고
있으니 날 활용하라고."

"물어보는 건 부끄러운 게 아니야. 주저하지 말고 물어봐."

"내가 모르겠으면 물어보라고 했어, 안 했어? 알지도 못하면
서 왜 당신 마음대로 하냐고. 한 번 할 일을 왜 두 번 세 번 하게
만드느냔 말이야."

"내가 이 자리에 괜히 있는 게 아니야. 내 경험이 실수를 사전

나도 나를 믿지 못했다

에 막아 줄 수 있기 때문이야."

최상단의 리더가 이런 말을 하는 것을 곁에서 경험했다. 특히 경험이 작은 어린 부서장들에게 더 자주 이런 말을 했었다. 그 이야기를 듣고 있었던 그들은 마음속으로 무슨 생각을 했는지 알 길은 없지만, 곁에서 들으며 난 속으로 그렇게 생각했다. '리더에게 모든 사람이 물어봐야 한다면 그 일을 현장에서 맡고 있는 부서장들은 대체 무슨 일을 하는 사람일까? 저렇게 매번 부하들이 자신에게 묻는 것을 정말로 좋아하는 것일까? 왜 그는 그걸 좋아하는 걸까?'

리더라면 먼저 스스로에게 물어야 할 질문이 있다.

"경영자는 누구인가? 답을 찾아 주는 사람인가? 답을 찾게 만드는 사람인가?"

경영자는 불확실한 상황 속에서도 자신만의 답을 찾아가는 사람이다. 확실하지 않은 조건 속에서라도 결정을 하는 사람이다. 그 숱한 어려움과 모호함 속에서 누구에게 묻는 것이 아니라 스스로 답을 찾는 사람이다. 물론 선배나 다른 기업들의 사례를 보며 간접경험을 삼을 수는 있다. 그럼에도 나만의 차이와 개별성으로 인해 결국 스스로 답을 찾는 노력의 과정과 결단을 하는 순간을 맞이하는 존재가 경영자이고 리더이다. 하지만 본인이 직접 모두 찾는 것이 그가 할 일은 아니다. 부하직원이 찾도록 만들어야 한다. 팀이 찾도록 해야 한다.

부하직원에게 "모르면 물어보란 말이야"라는 질책이 반복되어 그들이 묻는 것에 익숙해지고 스스로 머리를 싸매고 실패의 두려움을 이겨가며 답을 찾는 그 과정을 생략한다면 그는 과연 리더로 성장할 수 있을까? 리더로서 나는 답을 찾는 부하직원을 키우고 싶은가? 답을 묻는 부하직원을 키우고 싶은가?

유럽 사업부 전체 의사결정권자의 자리에 앉았을 때, 내가 했던 일은 영국 사업부 책임자로 있었을 때와 다르지 않았다.

첫째, 사람을 고른다.

둘째, 고른 사람을 검증한다.

셋째, 방향과 전략에 대해 주기적으로 의사소통한다.

넷째, 공식적인 권한을 준다.

다섯째, 스스로 답을 찾게 하고 지원해 준다.

당시 내게 보고하는 매니저들에게 일상적인 일들, 그들이 충분히 결정할 수 있는 일들에 대해 내게 가져오면 묻지 말고 당신이 알아서 판단해서 하라고 돌려보냈다. 그래도 수차례 그들은 물으러 오기를 반복했고, 번번이 돌려보냈다. 그렇게 두 달쯤 반복하니 일상적인 일들에 대해 내게 물으러 오지 않았다. 다만, 난 그들에게 결과에 대해 자랑하거나 피드백하도록 요구했다. 사람을 채용하는 것에 대해서도 해당 부서장과 인사책임자가 알아서 진행하도록 했다.

내 논리는 단순했다. 그 사람은 누구와 일할 사람인가? 그럼 데리고 함께 일할 사람이 보고, 자신에게 맞는 사람을 뽑으면 되는 것 아닌가. 인사책임자는 혹시 간과할 부분을 캐치해 주고 그 후의 채용절차를 진행해야 하기에 인터뷰에 참여하지만, 굳이 그와 함께 일할 사람이 아닌 대표가 인터뷰를 할 필요는 없다. 단, 임원 채용이나 부서장급 채용에 대해서는 대표가 참여한다. 그 아래 급에 대해서는 부서장과 인사가 주도권을 쥐고 알아서 하라.

이런 예는 이것 말고도 아주 많았다. 후에 넷플릭스의 문화를 설명하는 가이드북인 『컬처 덱Culture Deck』이라는 매뉴얼이 발표되었을 때 그것을 읽어보고 우리가 하고 있는 모습과 유사한 부분이 많아서 놀란 적이 있다('Culture Deck'은 훗날 『규칙 없음』에서 상세히 다룬 내용이었다).

재미난 것은 똑같이 부하들을 다루었는데 유독 한국 직원들이 더 혼란을 오래 겪었다. 그만큼 그들은 오랫동안 상사에게 묻고 대답을 얻어서 실행하는 습관이 되었던 것이다.

지금도 난 그렇게 생각한다. 모든 직급이나 직원의 상태에 동일하게 적용되지 않을 수 있다. 그럼에도 궁극적인 목표는 묻지 않는 직원을 키우는 것이다. 왜냐하면 스스로 답을 찾는 직원만이 불확실한 비즈니스 환경 가운데 기업을 지켜 갈 수 있기 때문이다.

답을 찾는 직원을 키우고 싶다면

　　심리학자 아들러는 인간의 문제가 타인에게서 인정받고자 하는 욕구로부터 비롯된다는 점을 간파했다. 우리는 그것이 인정욕구라는 것을 알고 있다. 아이들을 키우면서 그들이 어려서부터 부모나 주변인들로부터 받는 인정욕구가 얼마나 강렬한지를 알게 된다. 그런데 그런 경험을 통해 인간에게 인정욕구란 원초적인 욕망임을 깨닫게 된다. 인간에게 인정욕구라는 것이 존재의 근원적인 부분임을 안다는 것은 매우 중요하다. 내가 일을 하는 이유를 비롯해서, 내 주변의 많은 사람이 일을 하는 이유의 큰 부분도 설명해 주기 때문이다.

　　무엇보다 나 자신이 그런 인정욕구를 가지고 있는 존재임을 인지해야 한다. 왜 부하직원들이 나에게 문제를 들고 와서 묻는 것이 좋을까? 업계의 선배 한 분이 언젠가 내게 그런 말씀을 하시더라. "사람이 나이가 들어가니까 나에게 와서 묻는 친구들이 더 예뻐 보이더라."

그것은 인지상정이다. 인간 마음의 자연스러운 흐름이다. 리더도 인정욕구를 가지고 있는 사람이고, 그 인정욕구를 채워줄 수 있는 대상은 비단 상사만이 아니라 동료나 부하직원이기도 하기 때문이다. 리더가 부하직원에게서 인정을 받는 가장 일반적인 경우가 부하가 풀지 못하고 있는 문제에 대해 절묘한 한 수를 가르쳐 줌으로써 해결해 주는 것이다.

"역시 부장님은 다르시네요. 부장님께서 해 주신 한마디로 바로 문제가 풀립니다. 역시 문제가 있을 때는 부장님에게 와야 한다니까요. 고수는 고수입니다" 등과 같은 말을 듣는다고 생각하면 내 존재를 인정받는 느낌이 들고 에너지가 올라가게 된다. 그렇게 문제의 해결함을 받은 부하직원은 주변에 이런 미담을 널리 퍼트리는 역할까지 한다. 얼마나 아름다운 모습인가!

이렇게 되기 위해서는 당연한 전제조건인 문제가 있어야 하고, 물으러 오는 부하가 있어야 한다. 하지만 물으러 오는 부하직원에게 스스로 답을 찾으라고 돌려보내는 상사는 인정받을 기회를 스스로 거부하는 것과 같다. 이런 행동은 쉬운 것이 아니다. 인정욕구에 반하는 행동을 해야 하기 때문이다.

그럼에도 그런 행동을 리더십의 원칙으로 삼는 분들이 내 주변에도 많다. 어떻게 그럴 수 있을까 생각해 보았다. 다름 아닌 다른 시각과 다른 해석이 가능한 다른 눈과 안목이 있기 때문이 아닐까 싶다. 즉 그분들이 인정욕구가 없어서 그렇게 하는 것이 아니라 인정욕구는 동일하게 가지고 있지만 인정을 받고 싶은 결과물에 대한 기준이 다른 것이 첫 번째 이유다.

부하직원이 그 문제를 해결하도록 내 경험으로 가르침을 주는 것이 얻고 싶은 인정욕구의 결과물인 사람들이 많은 반면, 그들은 부하직원의 성장이 얻고 싶은 결과물이다. 문제 해결이 아니라 부하직원의 성장에서 더 큰 인정욕구를 얻는 사람들인 것이다.

두 번째 이유는 단기적이고 즉각적인 인정을 추구하기보다는 장기적이고 근원적인 인정을 더 중요시하기 때문이다. 즉시 문제를 해결하기 위해서는 답을 주는 것이 가장 빠른 방법이다. 반면, 그 문제를 해결하는 당사자인 부하직원이 직접 답을 찾는다면 시간과 과정이 더 걸리기 마련이다. 그 시간의 투자는 장기적인 관점에서 인정욕구를 바라보는 사람이 할 수 있는 것이다.

세 번째 이유는 타인에게서 얻는 인정만큼이나 나 자신에게 받는 인정을 중시하는 사람이기 때문이다. 가장 확실하게 눈에 보이고 느껴지는 인정은 당연히 타인에게서 받는 인정이다. 그런 면에서 답을 알려 주고 부하직원이 감탄하고 탄성을 지르게 하는 것만 한 것이 없는 것은 당연하다. 그런 짜릿한 인정을 거부하고 더 먼 길을 가는 리더들은 자기 내면에서 들려오는, 스스로에게 하는 인정의 맛을 알기 때문이다. 심지어 쉽지 않은 과정을 거쳐 육성한 부하직원인 당사자조차도 리더가 했던 행동을 제대로 이해하지 못하는 경우도 있다. 중·장기적으로 부하직원의 인정을 받으면 좋겠지만 그렇지 못한 경우도 있다는 것이다. 그럴 때조차도 자신만은 스스로를 인정하는 사람이 그런 선택과 행동을 할 수 있다.

부하직원의 성장은 그가 스스로 독자성을 갖는 역량을 키우는 것이고, 그 과정에서 필수적으로 따라야 하는 것은 부하직원이 스스로 답을 찾아가는 노력이다. 그렇기에 부하직원이 상사인 내게 쉽게쉽게 해답을 기대하면서 문제를 가져오는 것이 아니라

나도 나를 믿지 못했다

스스로 답을 찾도록 고민하고 시도하는 노력을 주도성을 가지고 하도록 만들어야 한다. 난 리더로서 이 질문을 항상 한다.

"나는 질문하는 부하직원을 갖고 싶은가? 스스로 답을 찾는 부하직원을 갖고 싶은가?"

"나는 수동적인 부하직원을 갖고 싶은가? 주도성을 갖는 부하직원을 갖고 싶은가?"

내 대답은 언제나 후자이다.

리더가 메시지다

인사책임자가 방으로 찾아와서 이렇게 보고했다.

"그룹에서 지시사항이 왔습니다. 전년도 실적에 대해 CEO를 위한 인센티브를 계산해서 지급하라는 지침이 내려왔기에 보고 드립니다."

부임 당시에 전 직원들 앞에서 난 영국 사업부가 흑자로 돌아서기 전에는 어떠한 인센티브도 받지 않겠다, 만약에 혹시라도 내게 주어진다면 수고한 직원들에게 나눠 주겠다고 약속했다.

감사하게도 부임한 지 1년 만에 흑자로 전환되어 인센티브가 나온 것이다. 사실상 흑자를 기록했기에 내가 받는 것은 아무런 문제가 없었다. 하지만 흑자의 규모가 너무 작아 전체 직원들에게 지급할 인센티브는 책정할 수 없는 상황이었다. 직원들은 한 푼도 못 받는 상황에서 사장이 혼자 받는다는 것이 마음에 가시처럼 걸렸다.

내가 받은 금액도 그리 크지 않았지만 그 금액 중 절반을 떼어 부서장들에게 기여도에 따라 차등하여 봉투에 담아 감사의 메시지와 함께 지급했다. 어떤 직원은 그것을 남편과 근사한 외식을 하는 데 사용했고, 어떤 이는 근교로 여행을 다녀오는 데 사용했다. 그들이 보내온 가족사진을 보며 마음이 흐뭇했다. 거래처에서 와인을 보내오면 그것도 직원 중 격려해야 할 사람에게 주었다.

부임과 동시에 임원을 위한 6시간 이상의 비행에 대해 제공하던 비즈니스클래스 티켓을 모두 일반직원들과 동일한 수준인 이코노미클래스 수준으로 낮추었고, 식비 등 출장수당도 똑같이 맞추었다. 즉 임원이 누리던 혜택을 거의 모두 없애는 조치를 취한 것이다.

물론, 임원들의 불만이 컸던 것이 사실이다. 그럼에도 내가 그런 조치를 취한 것은 리더들은 스스로 시그널이 되어야 한다고 믿었기 때문이다. 그리고 그런 상징적 조치들로 인해 리더의 말이 더 큰 권위를 얻어야 할 필요가 있었기 때문이다.

스스로를 희생하지 않는 리더를 누가 존경할까? 스스로 먼저 책임지지 않는 리더를 누가 따를까? 다만, 복지혜택은 줄였지만 보너스 등 급여를 손댄 것은 오직 나 하나였다. 그것도 일부러 임원들에게 모두 공개했다. 사장은 보너스도 반납한다는 사실을 인사책임자가 알려서 그들의 복지혜택 축소에 대한 반발을 잠재웠다.

오래전 한국에서 직장생활을 할 때 내가 다녔던 기업의 임원에 대한 복지와 일반직원에 대한 복지가 너무 큰 차이가 나는 것을 보며 난 개인적으로 동의하지 못했다. 그래서 내가 임원이 되었을 때 그 복지의 간격을 줄이려고 노력했다. 그리고 그 정도의 차이도 기업의 상황이 어려워지면 즉시 축소하는 조치를 이전에도 줄곧 해 왔다. 그렇기에 그 점이 내게는 그리 큰 어려움이 아니었다.

영국에서 법인장으로 근무할 당시 소개한 대로 사업상 내 도움 요청을 받고 방문한 지인이 나와 아내가 살던 집에 방문해서 약간 당황한 적이 있다. 15평 정도의 작은 주택에서 둘이 살고 있는 모습을 보며 아내를 생각해 좀 더 넓은 곳으로 이사 가기를 권했을 정도였다. 이유는 하나였다. 사장부터 모든 비용을 줄이기 위해 최선을 다하고 있다는 사실을 상징적으로 알려 주기 위함이었다.

싫으나 좋으나 리더는 스스로가 메시지다. 리더는 직원들이 바라보는 나침반이고 판단의 기준이다. 그렇기에 스스로 자신을 그렇게 인식해야 한다. 어느 조직이든 리더가 메시지이며, 이 사실을 잊지 않는 리더는 소중하다.

익숙한 나를 벗기

처음 CEO로 임명받은 것이 영국 법인장이었다. 영국에는 두 개의 법인이 있었고, 모두 패션기업이었다. 하나는 런던으로부터 북쪽으로 차로 한 시간 반 정도 떨어진 노스햄턴에 있었고, 다른 하나는 스코틀랜드의 수도인 에딘버러에서 차로 한 시간 반 정도 더 들어가는 작은 마을인 셀커크 Selkirk라는 곳에 위치해 있었다.

CFO로서 고위 임원 생활을 수십 년을 해 왔고, 내 돈을 걸고 장사도 해 봤지만 고용된 기업에서 대표이사로서는 처음 일하게 된 것이다. 그때 내가 원했던 것은 익숙한 일을 하는 내가 아니라, 해야 할 역할을 알고 그것에 집중하는 내가 되는 것이었다.

새로 간 기업의 필요는 당연히 생존하기 위해 돈을 버는 것이었다. 내가 할 일과 하지 말아야 할 일들을 개인적으로 정리해 보았다. 다음의 내용은 그때의 메모를 재구성한 것이다.

하지 말아야 할 일
- 매일 숫자를 보며 매니저들에게 실적을 말하지 않는다.
- 한동안 재무 정보를 너무 많이 보지는 않는다.
- CFO와 너무 많은 시간을 갖지 않는다.
- 회사 안에 너무 오래 머물지 않는다.
- 재무 정보를 검증하는 데 시간을 사용하지 않는다.
- 세무, 은행 업무에 직접 관여하지 않는다.

해야 할 일
- 제품을 자주 보고 만진다.
- 매장에 매주 두 번 나간다.
- 현장에 직접 가서 아시아 신규 고객을 발굴한다.
- 공장 등 파트너사에 매달 방문한다.
- 입소문을 낼 수 있는 콜라보레이션을 매 시즌 2개 이상 만든다.
- 현금 중심으로 경영한다.

내가 두려웠던 한 가지는 이것이었다. "CFO로서는 잘했는데 처음부터 CEO감은 아니었어." 이 소리를 들을까 봐 가장 두려웠다. 이런 소리를 듣는다는 것은 단순히 나 개인적인 명성이 깨지는 것에 그치는 것이 아니라 기업의 상태가 또다시 추락한다는 의미이기에, 그런 소리는 절대로 듣고 싶지 않았다. 그리고 영국에서 CEO로 일한 3년 반의 시간 동안 다행히 이런 소리는 듣지 않았다.

CEO로서 2년이 넘은 시점에 그룹의 최고위직 임원 중 한 분이 내가 진행하던 일본 프로젝트를 직접 방문해서 나와 같이 돌아보면서 깊은 인상을 받았다. 그리고 저녁에 식사하는 자리에서 "솔직히 저는 법인장님이 경영자로서 잘하면 1년쯤 갈 것으로 생각했습니다. 이렇게 잘할 줄 몰랐습니다. 정말 고생 많으셨습니다"라고 말할 정도로 성과가 있었다. 그리고 그 성과는 나 자신을 바뀐 역할의 관점에서 바라보고 그에 맞추려는 지난 2년간의 노력에 대한 보상이었다.

그 시간을 통해 내가 확실히 배운 것이 있다면, 역할이 바뀔 때 지금까지 내가 잘해 온 것을 놓지 못하고 고집하면 바뀐 역할에 맞는 경쟁력을 확보하지 못할 수도 있다는 사실이었다. 역할이 바뀌면 하는 일도 바뀌어야 하고 방식도 바뀌어야 한다.

나도 나를 믿지 못했다

그러기 위해선 절대적으로 생각부터 바뀌어야 함은 당연한 것이다. 즉 '나를 중심에 두고 역할을 끼워 맞추는 것이 아니라, 역할을 중심에 두고 나를 거기에 맞추는 것이 맞다'는 것을 배운 시간이었다. 덕분에 난 2017년과 2018년에 해외 출장으로 연중 40퍼센트의 시간을 일본, 한국, 중국 등으로 두루 다녔고 그 시장에서 사업을 의미 있게 시작할 수 있었다.

나의 약점을 알고 관리하기

사람이라면 누구나 그 내면에 두 존재가 살고 있다. 선한 나와 악한 나, 순한 나와 독한 나, 느긋한 나와 급한 나, 정반대의 모습이 한 사람에서 보이는 것이 그렇게 이상할까?

내 인상은 차갑게 보는 이도 있지만 대부분 착해 보인다는 말을 많이 한다. 아내는 자주 "사람들이 당신만 착하고 순하게 봐서 우리 집은 내가 당신을 잡고 사는 줄로 오해한다니까요"라며 억울함을 토로한다. 난 꽤 젠틀한 사람이다. 스스로 이런 말을 하니 우습기도 하고 뻔뻔하게 느끼겠지만 그건 사실이다. 원한다면 다수의 증인을 데려올 수도 있다. 하지만 경우에 따라서는

나도 나를 믿지 못했다

상당히 차갑고 독하게 돌변하기도 한다.

턴어라운드 경영을 14년간 해 왔다는 의미는 꽤 많은 사람을 정리해고한 경험이 있고, 방향과 전략에 따라 이리저리 사람들을 이동시키는 충격적인 변화도 서슴지 않았다는 것과 같은 의미이다. 평소의 나란 사람은 부드럽고 합리적이고 정이 많은 사람이지만, 위기 상황에서는 냉철하고 고집스럽고 극단적인 조치도 단숨에 실행해 버린다. 그것은 마치 낮에는 하이드로 살다가 밤이면 지킬로 변하는 소설 속 인물과 비슷하게 느껴질 정도이다.

난 직원들을 편애하는 리더이다. 예쁜 직원과 미운 직원을 다르게 대한다. 그러려고 그러는 것이라기보다는 나도 모르는 사이 그렇게 하고 있는 나를 본다. 내가 그렇기에 좋은 점은 상사가 나에 대해 그런 모습을 보이더라도 놀라지 않는다. 날 예뻐해 주면 고맙고 기가 살지만, 그런 태도가 변함없이 계속 유지될 것이라고 애초부터 기대하지 않는다. 내게서 마음을 거두어 가도 그러려니 한다. 사람 마음이라는 것이 언제나 변할 수 있는 것이니까. 그도 나 같은 사람이고, 그럴 권한이 있으니 그럴 수 있다. 그게 잘못이라고 생각하지 않는다.

다만, 미워하는 방식은 죄와 아닌 것이 구분될 수 있다고 본다. 일 처리하는 방식이 마음에 들지 않으면 지적할 수 있고, 시정을 요구할 수 있고, 때로는 따끔하게 혼낼 수 있고, 해고할 수도 있다. 하지만 인격적으로 모욕을 하면 안 된다. 아이 다루듯이 해서도 안 되며, 개인의 권리를 무시해서도 안 된다. 인격을 모독할 정도로 상대 때문에 내가 통제가 안 된다면 그를 내보내거나, 내가 나가는 것이 맞다. 곁에 두고 모독을 일삼는 것은 죄다.

그 지점에서 나는 그렇게 하지도 않았고, 반대로 그런 대접을 받을 때에도 참지 않았다. 내가 지킬로 돌변했던 경우는 지난 33년 동안 종종 있어 왔기에 나 자신에게는 새로운 일이 아니다. 다만, 조심하려 노력할 뿐이다.

나 스스로 내 약점을 '극단성'이라고 생각하고 있다. 이건 나와 오랫동안 살고 있는 아내도 적극 공감하는 사항이다. "여보, 내가 좀 극단적이지요?" 이렇게 질문한 적이 있는데 아내는 크게 고개를 끄덕이며 "조금이 아니라 많이 극단적이지요"라고 대답했다. 내 약점은 극단적 성향을 가졌다는 것이다. 그것이 어려서의 환경에서 만들어진 것이든 타고난 것이든 내 안에 존재하는 내 모습 중 하나이다. 때문에 관리해야 한다. 그래서 내가

나도 나를 믿지 못했다

하고 있는 나만의 약점을 보완하는 노력을 소개해 볼까 한다.

예민한 내용으로 커뮤니케이션을 해야 할 경우 이메일보다는 얼굴을 보고 하거나, 정 어려우면 전화로 한다. 이메일에서 더 극단적인 표현을 사용하기 때문이다. 무거운 내용의 이메일은 늦은 저녁이나 새벽에 쓰지 않는다. 그 시간대에 난 더 예민해지는 경향이 있기 때문이다.

민감한 내용의 이메일은 보내기 전에 반드시 재검토한다. 재검토는 입으로 한다. 내가 내 귀에 읽어 줌으로써 보는 이가 말로 듣는다는 상황을 가정하고 고친다. 검토할 때는 감정이 과하게 담긴 표현은 수정한다. 과장된 단어는 생략한다. 문장의 수와 길이를 가급적 더 줄인다.

예민해져 있을 때라도 개인에 대해 모욕적인 언행은 가급적 삼간다. 화가 난 상태라면 잠시 밖에서 걷고 들어온다. 마음이 안 좋을 때는 내가 좋아하는 BOSE 스피커로 좋아하는 노래를 듣는다.

이런 방법들을 바꿔 가면서 해 본다. 중요한 것은 내가 스스로 예민해져 있는 상황인 것을 안다는 것이고, 화가 난 상태임을 안다는 것이다. 그때 컨트롤할 수 있느냐 없느냐에 따라 내 리더로서의 권위는 많이 달라진다. 자신을 제어하지 못하는 리더 중에 존경받는 이는 없다고 생각한다.

　사람은 약점을 갈고 닦는다고 해도 강점으로까지 변화시키기는 어렵다. 하지만 약점이 날 웅덩이에 깊이 밀어 넣지 않도록 제어하고 관리할 수는 있어야 한다. 그것이 공동체에서 함께 살아가는 모든 사람이 공동체를 위해 해야 할 개인적인 노력일 것이다.

You complete me

영화 〈제리 맥과이어〉에서 톰 크루즈가 연기한 제리 맥과이어는 능력과 수완과 외모까지 겸비한 스포츠 에이전시 매니저이다. 제리는 평소 일하면서 느꼈던 회사의 발전 방향에 대한 보고서를 작성해 돌렸다가 회사의 이익에 배치되는 내용으로 인해 해고당한다. 그가 회사를 떠나면서 자기와 함께할 사람이 있으면 같이 가자고 요청할 때 함께 일했던 동료들은 모두 그를 외면했지만, 오직 한 명 도로시(르네 젤위거)만 그를 따라나선다.

제리는 자신의 생각을 작성해서 동료들에게 나누었다. 누가 시켜서 그런 것이 아니라 자신이 느껴 온 것을 정리하고 스스로 나온 것이다. 내가 자주 하는 일 중 하나가 그와 비슷하다. 난 그 것을 '나를 위한 보고서'라고 부른다.

당연히 내가 맡고 있는 일에 대해서 그런 보고서를 만들지만, 경우에 따라서는 내가 하는 일에만 국한되는 것이 아니라 내 일이 아닌 부분에 대해서도 살펴보고 데이터를 구해서 생각을 발전시키고 분석한다. 그리고 그 내용을 보고서처럼 써보는 것이다. 그렇게 만들어진 보고서를 혼자 볼 때도 있지만 그 일의 책임자에게 제공하기도 한다. 내 컴퓨터 폴더 하나는 이런 보고서들로 차 있다.

이런 보고서를 제공했을 때 그 업무의 책임자 대다수는 그 내용에 대해 동의하지만 기분 나쁘게 받아들이곤 했다. 이해가 안되는 것은 아니다. 직접적으로 관련이 없는 누군가가 그 일에 대해 문제점들을 깊이 검토하고 분석한 세밀한 보고서를 만들었다면 제3자에게 치부를 다 들킨 것 같은 느낌이 들 수도 있다. 그건 그분의 그릇이기에 내가 말할 필요는 없다. 나의 선한 의도가 항상 좋게 받아들여지는 것은 아니기에 그렇게 이해하고 넘어가면 된다.

거의 매번 좋은 소리를 듣지도 못하면서 난 왜 그 일을 반복해서 했을까?

첫 번째 이유는 재미있어서다. 때로는 과외시간까지 써가면서 그런 분석을 해 보는 작업은 무엇보다 재미있다. 내 생각을 넓혀주고 기업 안의 다양한 기능들에 대해서 고민해 보게 한다. 난 CFO였음에도 심지어 기업 홍보에 대해서도 고민하고 직접 시안까지 만들어 보기도 했다. 그리고 내가 만든 시안을 그 부서 책임자에게 보여 주었다. 다행히 새롭다며 격려를 받았지만 그렇지 못한 경우가 더 많았다.

두 번째 이유는 기업 내의 활동들이 제각각 다른 것처럼 보여도 모두 연결성을 갖기 때문이다. 예를 들어, 내가 CFO로서 재무 분야를 책임졌지만 생산을 이해하고 분석해 보면 최종적으로 만들어지는 원인에 해당하는 요소를 숫자로 깊이 알게 되는 것이기에 큰 도움이 된다.

세 번째 이유는 언제 나에게 무슨 기회가 올지 모르기 때문이다. 실제로 나에게 영국 법인들의 회생 방안을 정리해서 보고해 달라는 요청을 받았을 때 난 그 보고서를 이틀 만에 준비해서 보고했다. 이미 그 점에 대해서 생각해 보고 정리해 둔 내용들이 있었기에 그리 긴 시간이 필요하지 않았다. 그리고 길지 않은 내 보고서는 현장에서 보고 느끼고 생각한 내용들이기에 매우 실현 가능성이 클 수밖에 없었다. 그때 제출한 계획은 그 후 영국 법인으로 이동했을 때 거의 그대로 실행되었다.

언젠가 후배에게 조언을 했다. 그가 전략파트의 일을 하고 있던 회사가 가지고 있는 약점, 단점을 장황하게 말하기에 그에게 한 가지 조언을 해 주었다.

"네가 그 기업의 CEO라고 가정하고 넌 무엇을 어떻게 언제까지 할지 생각해 보고, 그걸 보고서로 작성해 보면 도움이 될 거야."

그가 후에 내가 말한 대로 보고서를 만들어 보았는지는 모르겠다. 만일 실행했다면 그는 분명 도움을 받았을 것이다.

내가 맡은 일에 대해서는 당연하고 그 이외의 일에 대해서도 생각을 다양하게 해 보고 상황을 분석하고 해결책을 고민해서 글로 만들어 보는 것은 언제나 유익하다. 기왕이면 상사에게만 그런 양질의 보고서를 제출할 것이 아니라 나 자신에게 먼저 그런 고급스러운 보고서를 만들어 제출해 보는 것을 강추한다.

정신을 베껴라

      직원들과 회의를 하거나 사적인 미팅을 할 때조차도 난 그가 습관적으로 자주 사용하는 단어에 주목한다. 어떤 이는 '솔직히'라는 말을 너무 자주 사용한다. 모든 문장 앞에 '솔직히' '솔직히 말해서'를 습관처럼 사용하는 식이다. 내 귀에 들렸던 대표적인 단어들을 몇 가지 소개하면 다음과 같다.

  '솔직히, 사실은, 그러니까, 아무튼, 제 생각에는' 등이고 영어에서도 그런 말은 존재한다. 'You know, so, and, right, uhm' 등이다.

  사람의 습관이라는 것은 동서고금 존재하는 것이기에 언어에 상관없이 존재할 것이라 본다. 어떤 경우에는 상대방이 특정 단어를 너무 많이 사용하는 듯싶으면 노트에 나만 알 수 있는 표식으로 그가 그 단어를 말할 때마다 표시해서 몇 번이나 했는지 세어 보기도 한다.

그러면서 나의 습관에 대해서 생각해 본다. 내 습관을 관찰하는 가장 좋은 방법은 영상에 담아 보는 것이다. 대학 동창이 운영하는 '유식한TV'라는 유튜브 방송에서 내 첫 책인『돌파하는 기업들』을 주제로 인터뷰를 요청해서 촬영한 적이 있다. 영상을 보면서 내 습관을 알게 되었다. 말하는 중간중간에 혀로 입술을 살짝살짝 핥는 것이 관찰되었다. 그 모습을 보면서 고치려고 생각했고 지금은 말할 때 의식하며 말한다.

기업 내에서 웃지 못할 모습을 보기도 하는데 창업자나 리더가 기업의 문화를 대표하는 기업들에서 더 자주 관찰되는 모습이다. 한 기업의 경영자는 숫자를 셀 때면 꼭 여덟을 여덥이라고 발음하는 습관을 가지고 있었다. 그리고 말하는 도중에 한숨을 쉬는 습관도 가지고 있었다. 정말 우스운 일은 어느 날 보니 그분 밑에서 일하는 리더들이 그분의 습관을 똑같이 따라 하는 모습이 보였던 것이다. 여덟을 여덥이라 하고, 말하는 중간중간 한숨을 푹하고 쉬는 모습을 보면서 정말 속으로 놀랐다.

나도 나를 믿지 못했다

그분들의 그런 행동 속에는 CEO에 대한 존경심이 담겨 있었으리라 짐작하지만, 그럼에도 특이한 습관까지 모두 그대로 따라 하는 모습은 정상적으로 보이지는 않았다. 사소한 습관을 따라 한다고 해서 상대방처럼 되는 것은 아니다. 정작 따라 해야 하는 것은 정신이고 철학이며 그가 기울이는 노력과 진정성이어야 한다. 습관을 따라 하는 것은 우스꽝스러운 쇼일 뿐이다.

수많은 경영자와 리더가 경영에 있어서 책의 도움을 받는다. 우리는 그것을 '독서경영'이라고 부른다. 책만큼 소중한 것도 많지 않다. 그렇기에 내가 일했던 한 기업에서는 매월 한 권씩 엄선해서 CEO께 책을 추천하고 독서를 도와드리기도 했다.

그런데 안타까운 것 중 하나는 대표께서 책에 나온 내용 중 본인의 흥미를 끄는 새로운 것을 보면 직원들에게 그것을 우리도 해야 한다며 숙제를 내준다는 것이었다. 책에 밑줄을 긋고 그 부분을 복사해서 건네 주면서 이 내용을 보고 우리도 같은 시도를 하도록 준비하라는 그런 오더를 받는 직원 입장에서는 얼마나 황당한 내용이겠는가.

독서를 경영에 활용한다는 것은 이런 것이다. 대표가 그 책의 내용을 깊이 있게 이해하는 노력을 먼저 해야 한다. 관련된 자료도 찾고 필요하다면 저자와도 연락을 취하는 등 내용을 깊이 있게 이해하고 본인의 회사 상황과 그 내용이 부합하는지, 혹시 다른 정신적 문화적 배경이 있다면 무엇인지 생각해 보아야 한다.

겉모습을 따라 하는 것은 쉽다. 하지만 정신과 철학을 이해하지 못한 채 보이는 외형의 제도와 정책만을 따라 하는 것은 마치 정신은 닮지 않고 사소한 습관만 따라 하는 것과 다를 바가 없다. 독서는 상당히 파워풀한 도구이지만, 실제적인 도움을 받기 위해서는 적용을 위한 본인의 고민과 노력이 상당히 필요하다는 점을 잊으면 안 된다.

유행을 좇듯 최신 경영의 이슈들을 부지런히 습득해서 매번 '우리도 해 보자'라고 접근한다면, CEO 주변에 있는 직원들은 마음속으로 '대표님, 제발 책 좀 그만 읽으세요'라며 원망의 눈길을 보낼 가능성이 상당히 크다.

일 잘하는 게 관계의 본질

　　　　　　　　한 후배의 상담 전화를 받아 30분 정도 통화했다. 대화를 나누던 중에 나의 이력을 나누게 되었고 이직의 과정을 짧게 소개하게 되었다. 33년간 9개의 기업에 다녔다. 9개의 기업에 들어가게 된 과정을 중심으로 그룹핑해서 소개하자면 다음과 같다.

- 채용 시험을 보고 들어간 경우: 2회
- 헤드헌터의 소개로 들어간 경우: 2회
- 주변의 소개로 들어간 경우: 5회

주변 지인의 소개로 이직한 경우가 전체의 절반 이상을 차지하고 있다. 이런 양상은 비단 나에게만 나타나는 현상이 아니다. 이직 좀 해 봤다는 사람이라면 모두 이런 경험이 있으리라 본다. 인력 소개업체의 소개를 통해 이동하는 경우조차도 그 인력소개업체에 그 사람을 소개한 지인이라는 연결고리가 존재하는 경우가 대부분이다. 우리나라에서 이루어지는 채용 중 꽤 많은 수가 이런 루트를 통해서 이루어질 것이라고 개인적으로 예상한다. 얼마 전에도 지인이 사람을 찾고 있는데 소개 좀 부탁한다고 연락해 왔다. 내 주변의 사람을 찾다가 추천할 만한 분을 발견하지 못해서 결국 소개해 주지 못한 아쉬움이 있었다. 하지만 그분이 나를 신뢰해서 사람을 추천해 달라고 연락을 주신 사실 자체가 너무 감사했다.

나를 새로운 기업에 소개해 주었던 분들을 한 분 한 분을 돌이켜 생각해 보았다. 그리고 나의 경우 소개하셨던 분들의 특징이 모두 나와 함께 일해 본 경험이 있는 분들이었다. 다섯 케이스 중 하나의 예외도 없이 모두가 그랬다.

그분들은 왜 나를 소개했을까? 나와 친해서? 일부는 맞다. 하지만 그 이유가 가장 큰 이유는 아니라고 확신한다. 가장 큰 이유는 그분들이 나를 믿었기 때문이다. 무엇보다 내가 일을 잘할 거라는 사실을 믿었고, 나를 소개했을 때는 최소한 욕은 안 먹을 거라는 믿음이 있었기에 자신 있게 나를 추천했을 것이다.

직장 내에서의 관계를 다양하게 관찰하고 경험해 보는 기회를 오랫동안 가지면서 느낀 것이 있다면, 오래가는 관계는 예외 없이 서로가 서로를 신뢰했을 때라는 점이었다. 친하기에 신뢰하는 어린 시절의 조건 없는 친구 사이가 아니라, 서로의 진정성과 실력, 의식을 신뢰할 때 오래가는 관계가 가능해진다는 생각이 더 굳어진다.

지금 내가 만나는 선배들, 동년배들, 후배들 모두 하나같이 나와 함께 일터에서 동고동락했던 분들이고, 최소한 그분들의 진정성을 신뢰한다. 한마디로 그분들은 어디에 가서 일 못한다는 소리를 들을 분들이 아니고, 누구에게도 진정성을 의심받을 분들이 아니다. 내 인생에 그런 분들이 다가와 주었다는 사실이 축복이고 행운이다. 마찬가지 이유로 지금 알게 되는 새로운 만남에 대해서도 그런 기대를 하게 된다. 그분들과 내가 서로에 대한 신뢰가 쌓이고 쌓여 오래도록 서로를 믿고 관계를 지속하는 그런 행운이 찾아와 주길 바란다.

글을 쓰는 습관

D

평소 생각을 글로 남기는 것을 습관처럼 한다. 노트에 펜으로 남겨 두거나, 아니면 노트북 컴퓨터에 간단한 메모 같은 글들을 이것저것 써 두는 것을 좋아했다. 그런 습관이 턴어라운드를 진행할 때 큰 도움이 될 줄은 정말 몰랐다. 턴어라운드 현장에 처음 투입이 되면 모든 것이 복잡해진다.

상황이 어디까지 꼬여 있지?
누구와 이야기를 시작해야 하지?
자원은 얼마나 남아 있고 이것으로 언제까지 버틸 수 있지?
조직은 어떤 상황이고 어떻게 바꾸어야 하지?

고객은 우리에 대해서 뭐라고 할까?

협력사들은 우리를 어떻게 바라볼까?

직원들은 지금 어떤 상황일까?

정말 많은 질문과 생각이 머리를 떠나질 않는다. 그때 내가 하는 일이 기록하는 것이다. 사실상 기록으로 시작하고 기록으로 끝내는 것이 턴어라운드라는 생각이 들 정도로 난 기록을 중요시한다. 특히 처음 시작하고 100일에 해당하는 기간 동안이 가장 중요하다. 이때는 매주 토요일 저녁에 책상 앞에 앉아 그 주에 벌어진 일들과 내 생각, 그리고 앞으로의 방향 등을 하나씩 적어 내려가는 일에 몇 시간을 들였다.

대부분의 리더가 느끼는 것이라 생각하는데, 생각은 머리로 하는 듯 보이지만 사실은 손으로 한다. 그래서 리더는 꼭 글을 써야 한다고 믿는다.

유럽에서 다섯 개의 기업을 경영하면서 하나하나를 맡을 때마다 이전 기업에서의 일들을 기록해 둔 자료들이 얼마나 큰 도움이 되었는지 모른다. 이전의 일기 같은 기록들을 찬찬히 읽다 보면 마음이 차분히 가라앉고, 내가 지금 무엇을 해야 할지 감이 잡히는 경험을 매번 반복적으로 했다.

자신의 소중한 경험과 생각을 담아 놓은 기록이 미래의 경쟁력임을 안다면 더 많은 사람이 기록에 더 신경을 쓰고 실천할 것이란 아쉬움이 있다. 주변의 동료나 후배들을 보면서 그런 생각을 자주했다.

지금도 내게는 내가 진행했던 턴어라운드의 치열했던 순간들에 대한 기록이 어느 정도 남아 있어서 1년에 한 번 정도는 혼자서 읽는 시간을 갖는다. 사실, 『돌파하는 기업들』이란 첫 책도 이런 나의 기록을 바탕으로 만들어진 책이다. 언젠가 기회가 되면 아직 나누지 못한 또 다른 기록들을 정리해서 더 많은 리더와 나누고 싶은 마음이다.

선택, 연습 그리고 기다림

　　　　　　　　리더라면 누구나 가장 원하는 능력
으로 사람을 보는 눈을 꼽을지도 모르겠다. 사람을 제대로 고를
수만 있다면 기업에서 겪는 여러 가지 문제를 어렵지 않게 해결할
수 있을 것이다. 영업 문제를 해결해 신규시장을 개척하고 신규고
객을 유치할 최고의 적임자를 알아보는 눈이 있다면 기업의 성장
에 큰 도움이 될 것이다. 단번에 시장의 관심을 끌 만한 최고의 디
자인 능력을 가진 디자이너를 알아볼 수 있다면 그보다 더 기쁜
일이 있을까마는 아쉽게도 우리에겐 그런 눈은 존재하지 않는다.
혹시 사람 보는 눈 하나만큼은 뛰어나다고 자부하는 리더가 있다
고 해도 그것은 그다지 믿을 만한 말은 아닌 경우가 많다.

얼마나 답답하고 속상하고 안타까운 일인가! 주변에 작든 크든 기업을 경영하는 동료나 후배 CEO들을 보고 있자면 적임자를 갈구하는 그들의 마음과 노력이 정말 크다는 것을 쉽게 알게 된다. 포지션 하나가 비어서 채용을 진행할 때면 몰려드는 이력서들로 인해 업무가 마비될 지경이다. 하지만 정작 그토록 많은 시간을 들여 살펴보고 검증하고 만나 보고 대화해 보아도 확신이 드는 인재를 만난다는 것이 너무나 흔치 않은 행운임을 알게 된다.

유럽에서 턴어라운드를 진행할 때 내 마음이 이랬다. 회사를 살리고자 들어가는 곳마다 상황적으로 동일한 특징을 보였는데 그것은 다름이 아니라 쓸 사람이 없었다는 것이었다.

영국의 한 기업에 투입되어 들어갔을 때는 적합한 디자이너가 없어서 계약직인 주니어 디자이너를 데리고 시작했고, 온라인 숍 매니저가 없어서 사이트 관리를 하고 있던 여직원을 데리고 온라인스토어를 개편하는 작업을 진행했다. 영업부서의 책임자와 시니어 직원을 모두 내보내기로 결정한 후 당장 사람이 없어서 사업 중단을 결정한 사업부의 영업담당을 이동시켜서

나도 나를 믿지 못했다

함께 일했다.

사람을 뽑을 돈도 여유도 없었고, 설사 채용을 하려 해도 망가진 기업에 오겠다는 사람은 너무나 초라했다. 쓸 사람이 없는 것, 오겠다는 좋은 인력이 없는 것이 가장 힘든 부분이었다. 돌아보면 그랬기에 더 크게 배운 교훈이 있었다.

사람을 택한다는 것은 모든 조건이 맞아야 가능한 것이다. 기업이 (그 안에 속한 리더가) 사람을 만나는 데 있어서 조건이 맞는다는 것은 필수적인 요소이다. 조건도 합도 맞아야만 한다. 리더는 사람에 관한 한 대부분 최고의 선택이 아니라, 최선의 선택밖에는 못한다. 때로는 차선의 선택으로 만족해야 한다. 그게 현실이다.

하지만 선택을 하면 그때부터는 최고의 선택을 했다고 생각을 바꿔야 한다. 그때부터 하는 것은 다름 아닌 연습과 기다림이다. 솔직히 리더가 직원을 키우는 데 그보다 더 효과적인 방법이 무엇일지 나는 알지 못한다. '연습'과 '기다림'이 내가 아는 한 최고의 방법이다. 기업은 모든 것이 실전이다. 사실상 연습은 없다. 그럼에도 실전을 통해 연습의 효과를 주어야 한다. 직원이 스스로 해 보지 않고 어떻게 능숙해질 수 있을까?

앞서 말한 온라인스토어의 어시스턴트와 주니어 디자이너
는 이전에는 한 번도 같이 협력해서 일해 본 적이 없는 사람들이
었다. 그들을 세우고 내가 준 과제는 온라인스토어 전용 제품을
개발해서 둘이 팔아 보라는 것이었다. 단, 새로운 소재를 구입
해 주지 않고 창고에 있는 재고 원단과 부자재를 사용하라는 것
이었다.

그 둘은 같이 시장조사를 해서 아이템을 선정하고 소재를 고
른 후 디자인을 했다. 생산의 도움을 받아 샘플을 만든 후 친구
가 운영하는 스튜디오를 찾아 사진 촬영까지 했고, 온라인스토
어에 올려서 판매까지 했다. 이 모든 작업이 둘이 협업하여 진
행했다. 첫 프로젝트 치고는 결과가 나쁘지 않았다. 그 둘을 불
러 프로젝트에 대해 피드백한 후 그 결과를 반영해서 캡슐 컬렉
션으로 한 번 더 진행하도록 했다. 이번에는 좀 더 많은 스타일
과 신규 소재를 부분적으로 허용했다. 그 둘은 처음보다 더 멋
지게 협력해서 더 좋은 결과를 만들었다.

그 일 후에 온라인스토어의 담당자가 다른 큰 기업으로 이직
하는 바람에 다른 매니저를 채용했지만 둘 사이의 협업 체계는
그대로 유지했다. 이런 방식으로 온라인스토어의 매출이 2년 사

나도 나를 믿지 못했다

이에 3배가 되었고, 기업의 실적 성장에 매우 큰 도움이 되었다.

내가 한 것은 상황에 맞추어 사람을 선택한 것이었고, 그들을 데리고 다니며 온라인스토어를 성장시키는 것의 중요성을 반복해서 설명한 것과 그들이 맥락을 이해하고 프로젝트를 진행할 수 있도록 가이드했다. 공장에 가게 하고, 매장들을 방문하게 했다. 트렌드를 파악하게 한 후 스타일과 소재, 가격과 판매 방식을 둘이 고민하게 했다. 온라인스토어를 제외한 전체가 도매사업이었기에 소매사업인 B2C 채널인 온라인스토어를 잘하는 것이 우리가 나아갈 길임을 여러 번 설명했다. 그렇게 그들은 연습하고 연습해서 실적을 만들어 갔다.

사람을 선택하고 연습할 기회와 공간을 마련해 주고 기다리고 기다렸다. 그것이 내가 한 일이었다. 그리고 그 후에 이어졌던 모든 턴어라운드 케이스에서도 난 같은 일을 반복했다. 사람을 택하고 연습할 공간과 기회를 주고 기다려 주는 것, 이 단순한 공식을 난 지키며 일했다.

콜라보를 열심히 한 이유

나는 2016년부터 2020년까지 약 5년간 영국의 더플코트 원조 브랜드인 Gloverall(글로버올)의 CEO로 재직했다. 그리고 내가 있었던 5년간 글로버올이 진행한 콜라보레이션은 어림잡아 15개 이상이 됐던 것으로 기억한다. 그중 큰 관심을 끌었던 것을 소개하자면 다음과 같다.

Sacai × Gloverall

Descente × Gloverall

Vivienne Westwood × Gloverall

Alpha Industry × Gloverall

White Mountaineering × Gloverall

Nicomede × Gloverall

그리고 이들 중 단연 많은 관심을 끈 콜라보는 핫 하게 떠오른 사카이Sacai와 했던 콜라보였다. 국내에서 한 연예인이 화제를 몰고 다닌 드라마의 종영식에 이것을 입고 참석하여 언론의 주목을 단숨에 끌었고 조기에 완판되었다.

이렇게 많은 콜라보를 하고 보니 나름의 장단점을 알 수 있었고 그것에 대해 간단히 써 보려 한다.

사람들은 당연히 지루해진 브랜드의 이미지나 뭔가 새로운 거리를 찾을 때 콜라보를 떠올린다. 일종의 관심과 입소문을 노리는 것이다. 나도 그랬다. 하지만 꼭 그것만이 이유는 아니었다. 내가 콜라보를 진행했던 이유를 소개하면 다음과 같다.

첫째, CEO로 가면서 기존의 헤드 디자이너를 내보내고 그 아래 있던 주니어 디자이너를 통해 일을 했는데, 그녀를 육성하는 목적이 가장 컸다. 감각이 있고 열정이 살아 있던 이십 대로 재능이 있었지만, 아직 어리고 경험이 충분치 않았다. 다른 큰 브랜드들과 콜라보를 진행하며 그들의 디자인 철학, 패턴, 소재에 대한 생각, 프로세스 등을 직접 경험해 보기를 원하는 마음이 컸다. 실전에서 배우는 게 제일 좋은 방법이니까.

둘째, 조직원 모두가 재해석된 우리의 아이코닉 제품을 통해 시장의 흐름을 느껴 보길 바라는 마음이 있었다. 70년 가까이 한 제품에 의존하는 정도가 극단적으로 높았기에 시장이 어떻게 돌아가는지 잘 모르는 상태였고, 우리에 대한 외부 시각으로의 재해석이 필요했다.

셋째, 당연히 바이럴 마케팅을 기대했다. 더불어 우리는 유통망이 충분히 파워풀하지 않았다. 큰 파트너들을 통해 그들의 유통망을 이용함으로써 우리 제품이 전 세계 주요 도시와 거리에서 노출될 수 있다는 점을 노렸다.

넷째, 새로운 서플라이 체인의 발굴이 가능해진다. 너무 오랜 세월 동안 함께 일해 온 거래처들이어서 평가와 교체 등을 제대로 하기에는 관계가 너무 고착됐다. 콜라보를 통해 새로운 서플라이 체인을 접해 봄으로써 우리 파트너들의 수준을 알 수 있다는 점에서 도움을 받았다. 더불어 상대 브랜드들이 활용하고 있는 디자인스튜디오 등도 실무에서 접해 볼 수 있는 기회였다.

나도 나를 믿지 못했다

다섯째, 우리가 그동안 도전해 보지 못했던 제품 영역이나 가격대로 진입을 테스트해 볼 수 있는 기회로 활용이 가능했다. 우리로서는 큰 투자 없이 새로운 시장 개척을 시도해 볼 매우 좋은 기회였다.

콜라보는 단순히 입소문을 노리는 마케팅 측면으로만 생각하기 쉬운데 그렇지 않다. 소개한 것처럼 부차적인 듯 보이지만 사실은 매우 중요한 효과를 얻을 수 있다. 콜라보를 생각하고 있다면 그것을 통해 얻을 수 있는 점들이 무엇인지 넓게 생각해 보고 그 점을 취할 수 있다면, 바이럴 효과가 작더라도 충분히 유익을 얻는 콜라보가 가능할 것이다.

비단 콜라보뿐만 아니더라도 처한 상황 속에서 돌파구를 뚫기 위한 리더의 다양한 노력을 나도 했고 주변에서도 많이 보았다. 그렇게 노력하는 리더들을 바라보는 것은 큰 감동이다.

실전 리더 스쿨

　　　　　　　　이탈리아에서의 2020년은 힘겨운 날들이었다. 사업가로서 1년 내내 거의 멈추어 버린 경제 여건하에서 기업을 유지한다는 것이 어려워서만은 아니었다. 코로나19로 인해 모든 것이 바뀌어야 하지만 나만의 희망으로 될 수는 없는 것이었다. 코로나19 초기에 나를 중심으로 주요 매니저가 참여한 향후 시프팅Shifting을 위한 계획을 짰지만 자력으로 실행하기엔 역부족이었다. 생각은 다를 수 있다. 사업을 바라보는 관점이나 향후 전략에 대한 의견이 다를 수 있다. 큰 그림하에서 가는 길이 현저히 다를 경우 내가 그린 그림대로 갈 수가 없고, 나로선 아니라고 생각하는 길을 무작정 따라가야 한다면 서로 다른 길을 가는 것이 맞겠다는 생각을 했다. 결국 2020년을 마감하는 시기에 나도 퇴사를 결정했다.

가족들은 나의 결정을 환영했다. 10년 가까운 기간 동안 이탈리아와 영국에서 지내며 일을 했기에 이제는 한국으로 돌아와 인생의 후반기를 준비하는 것이 좋겠다는 데 적극 지지를 보내왔다. 무엇보다 고등학교 3학년 때 한국에 두고 간 아들과 다시 살 수 있다는 점이 나를 설레게 했다.

한국으로 돌아와 2주간 격리를 하면서 비로소 잠잠히 고요하게 내가 걷고 싶은 길에 대해 생각했다. 그리고 격리가 끝나는 대로 사업자등록증부터 신청했다. 내 이름을 내건 개인회사를 만들었다. 회사의 이름은 떠오르는 대로 '김성호 실전리더스쿨'이라고 정했다.

이 책은 내 인생의 전반기를 마감하고 후반기를 시작하는 의미가 담긴 결과물이자 나 자신에게 주는 격려이다. 자기 자신에게 무엇인가 해 준다는 것은 참으로 가치 있는 것이라고 느껴진다. 신음하며 살아온 날들이 많았던 나에게 이 책을 쓰는 내내 위로를 던졌다. 책을 쓰며 느꼈던 우울함은 당시의 내가 가졌던 두려움과 의심, 그 속에서 떨고 있었던 나의 어린 마음을 스스로 이해하는 과정이었다. 내가 나를 알아주고 격려해 줌으로써 난 다시 일어설 힘을 얻는다.

어제 두 사람과 저녁식사를 나누었다. 책에 비중 있는 사례들에 등장하는 두 사람과의 회동이었다. 그들도 울컥했고 나도 울컥했다. 어린 시절 만남의 행운을 축하하며 우리는 축배를 들었고, 지금도 서로를 향한 존경이 있음에 감사의 잔을 들었다.

나는 비즈니스 세계에서 떠나는 그 순간까지 리더들을 도울 것이다. C레벨의 임원만을 돕는다는 의미가 아니다. 리더로 성장하려는 분이라면 누구라도 함께할 방법을 찾고 싶은 것이다. 책을 통한 만남도 그중 하나의 옵션이 될 것이다. 그리고 강의를 통해서 컨설팅을 통해서, 때로는 일대일의 코칭을 통하는 등 다양한 방법으로 만나려 한다.

제2차 세계대전을 종결짓는 데 결정적인 기여를 한 노르망디 상륙 작전의 영웅이었던 패튼 장군은 말했다.

"사람들에게 일을 어떻게 해야 하는지가 아니라 어떤 일을 해야 하는지를 가르쳐 주라. 그리고 그들이 이루어 낸 결과로 당신을 놀라게 하라."

　　　　　　　　　나도 나를 믿지 못했다

인연이 닿는 리더들과 함께 리더십의 근본을 현장에서 고민할 것이다. 리더들의 성장을 도울 생각만으로도 내 가슴은 뛴다.

돛줄을 던져라.

안전한 항구를 떠나라.

당신의 돛에 무역풍을 가득 담아라.

탐험하라.

꿈꾸라.

발견하라.

_마크 트웨인

나
가
며

이 책을 들어가는 글로부터 시작했으니 마무리는 나가는 글이라 부르련다. 이 책을 쓰는 동안 난 작지 않은 우울감에 시달렸다. 잠도 잘 수가 없었다. 과거를 돌아보는 일이란 얼마나 힘겨운 일인가? 이 책에 모두 담지 못한 부끄러운 일들과 미안한 일들 투성이다.

"나의 소중한 팔로어들, 나의 사랑스런 사람들…. 어린 나는 그대들에게 준비된 더 좋은 리더가 아니었기에 너무 미안합니다. 언젠가 그대들을 다시 만난다면 그대들 인생에 있어 중요한 시기에 가치를 더해 주는 더 좋은 리더가 되겠습니다."

나도 나를 믿지 못했다

"내가 비록 나와 함께했던 분들에게 부족한 리더였지만 지금도 그대들을 잊지 않고 기억하고 있습니다. 언젠가 감사함을 더 풍족히 전하고 싶습니다."

이 책을 쓰는 동안 심정적으로 침울했던 나를 견뎌 주고 격려해 준 가족에게 고마움을 전한다. 한 챕터 한 챕터를 쓰면서 글의 당사자에게 혹시라도 누가 될까 봐 몇몇 분께는 글을 보내 그들의 검토를 받았다. 함께 지난날을 돌아보는 수고를 해 준 분들께 감사하다.

비즈니스 현장에서 힘겨운 리더의 책임감을 감당하고 계시는 모든 리더에게 이 작은 책을 바친다. 부디 리더인 당신도, 당신과 함께하는 사람들도 행복하게 동행하길 간절히 바란다.

어떤 이가 말했다.

"노인들이 현명한 이유는 더 많이 살아서가 아니라 더 많이 잃어 봤기 때문이다."

나는 리더도 같다고 생각한다.

"리더가 현명한 이유는 더 많이 살아서가 아니다. 더 많이 실패해 봤기 때문이다."

실패의 두려움에 맞서 싸우는 당신이 바로 멋진 리더이다.

서울에서 김성호

나도 나를 믿지 못했다